早點知道就好了！改變一生的金錢觀

14 歲就能學的致富習慣，學校沒教，但你一定要會

14 歲の自分に伝えたい「お金の話」

日本傳奇基金經理人　藤野英人 ◎著
邱顯惠 ◎譯

「為什麼是十四歲呢？」

或許你會感到疑惑。

「對於尚未自己賺錢的十四歲的人來說，討論金錢是不是太早了？」

或是浮現這種想法。

然而，不只是成年人，即便是十四歲的人，
也無法一整天都過著與金錢無關的生活。

十四歲的生活與金錢密切相關，
而且在這個既不是成年人也不是孩子的「轉變」時期，
仔細思考金錢問題具有重要意義。

即便如此，在家裡或學校幾乎沒有機會學到有關金錢的知識。

就我自己而言，在我十四歲的時候，對金錢根本是一無所知。

「找不到想做的事情。」

「對未來有一種莫名的不安感。」

「不知道為什麼要學習。」

這些是十四歲的人（包括當時的我）常常面臨的煩惱，

在理解有效的「金錢處理方式」後，就能找到解決問題的線索。

而且，如果能夠在今後的人生中，充分運用「金錢的力量」，

未來將會變得越來越美好。

本書蘊含了我作為一位投資家持續思考研究了三十年的「金錢知識」，

我想將本書獻給十四歲的你們（以及當年十四歲的自己）。

目　錄
Contents

第3章　關於「工作」

目錄
Contents

前言　了解「金錢」，「未來」就會綻放光彩

大家好，我是藤野英人。

我目前經營一家名為「Rheos Capital Works」的公司，在公司擔任基金經理人，負責管理投資信託，有時也被稱為「投資家」。

「投資信託？」「投資家？」這些詞彙你可能聽起來很陌生，但稍後我會提供更詳細的解釋。

總之，我的工作就是作為「金融專家」，每天處理與金錢相關的事務。

平常我談話的對象大多是成年人，但在本書中，我希望向十四歲的你們談論有關「金錢」的議題。

提到「十四歲」，似乎會聽到有人質疑：「對於尚未工作的十四歲的人來說，

不需要討論金錢吧？」

然而，事實並非如此。因為趁早學習、思考金錢問題，是具有重要意義的。

舉例來說，金錢扮演著「創造社會未來」的角色。

透過購買物品或服務，我們可以表達自己的「個人喜好」。一家能夠獲得許多人「喜歡」的公司，在社會中會不斷增加其影響力。相反地，一家幾乎無法獲得任何人「喜歡」的公司，最終將從社會中消失。換言之，我們所選擇的「花錢方式」，將決定社會的未來走向。

如果從十四歲開始就擁有這種觀點，**能夠把錢花在自己想要支持的商品和公司上，那麼當大家長大成人時，社會將變得比現在更加美好**。

現在是否理解金錢的相關知識，將會對每個人的未來產生重大影響。我並不是誇大其辭，而是真心這麼認為。

此外，我之所以堅持「十四歲」這個年紀，而不是選擇十三歲或是十五歲，也是有其原因的。

以學年來說，十四歲是國中二年級到三年級之間的時期。此時已不再是孩子，但也尚未完全長大成人，是一個非常模糊的年齡階段。

身心都在成長，似乎隱約接近成年人的樣貌，卻沒有湧現出具體的形象。許多人可能會有一種輕飄飄、腳不著地的感覺，彷彿在視線不良的水中掙扎一樣，體驗著前所未有的痛苦。

老實說，在我十四歲的時候，有過非常痛苦且沮喪的體驗。在那之前，我是一個擅長學習、享受運動的活潑國中生。然而，我卻突然陷入低潮狀態。

現在回想起來，也許這是一種「生長痛」。在我十四歲的時候，身高每個月都會增長一公分，所以這可能是因為內臟器官的發育跟不上骨骼和肌肉的成長速度造成的。

我一直出現原因不明的倦怠感，而且持續情緒低落的狀態，對學習和運動的動力迅速減退。連以前最愛的社團活動也開始經常請假、提早離開。

因為身體不適，我也沒有心情外出，所以老是待在家裡讀書。我認為當時的閱讀體驗對我的人生有所影響，但也曾因為讀了現代文學的抗病日記，而變得更加消沉，覺得「自己可能某天也會死去」。

當然，成績也會退步。在我嚮往的志願學校前方籠罩著一片烏雲，我似乎離它越來越遠了。我也開始對未來感到絕望，認為「我的人生可能就這樣一直處於低谷」。

父母看到以前朝氣蓬勃的我變得悶悶不樂，也一直很擔心。

幸好，我的身體漸漸穩定下來，在我十五歲的時候，身心失調的情況自然消失了，我成功擺脫了困境，但在那漆黑道路的旅途中，我一直感到鬱悶煩躁。

基本上我是一個積極活潑的人，但在十四歲的時候，卻被一段陰暗消沉的記憶所籠罩。在我的人生中，第一次真正體驗到「低潮」，正是十四歲之際。

回顧當時的心情，會發現我無法對未來抱持希望，「處於低潮且孤獨的自己」和「社會」之間產生了隔閡。而且，對我自己和社會而言，「未來」都是一種只靠自己也無能為力、難以捉摸的存在。

即使不像我這麼嚴重，但擁有類似鬱悶煩躁感的十四歲的人，想必是很多的吧。

因此，我想要與當時的自己對話。

在本書中，我會把十四歲的自己召喚到現代，與「你」對話，進行討論。由於是以「現代」作為起點，因此我也會提及在我十四歲時尚未出現的事物，例如「加密貨幣」或「群眾募資」等等。我想透過「金錢」來討論工作、人生，以及如何與社會交流等話題，傳達一些訊息。

至於為什麼選擇「金錢」這個主題呢？因為我個人從金錢上學到了許多東西。我從事處理金錢的工作已經三十年了，透過思考金錢的議題，我深刻體會到自己能夠廣泛且深入地審視工作、社會，以及人生本身。

金錢教會我們要「保持平等」。

雖然金錢有時會集中在少數人的手中，造成貧富差距，但它本來就像水一樣具有靈活流動的特性。

金錢也蘊含著一種力量，它能夠遍及社會各個角落，產生循環，支持我們創造美好未來的夢想。

我長年以來所從事的「投資信託」也正是如此。我盡可能從許多客戶那裡收存「暫時不打算使用的錢」，將其集結成一大筆資金，並投資於股票和債券當中，以此獲取利潤，再將這些利潤還給出資的客戶。發行股票和債券的人們都面臨著一種情況：「雖然有想做的事情，但只靠自己的資金是不足以實現的。」

換言之，金錢一定與「人」的存在有所關聯。當一個人擁有夢想時，他就能運用金錢。

那些出錢的人被稱為「投資家」，而投資家與金錢之間的關係也是平等的。不論是住在北海道還是沖繩，是年長者還是年輕人，是投資了一萬、一百萬還是一億元的人，投資家都會一視同仁地重視和運用每個人的金錢。

越了解這種金錢機制，人們對世界的看法也會隨之改變。

當我越了解「金錢」，就越期待與社會交流互動。

而且，我意識到這是非常重要的事情，因此我希望將這些想法傳達給大家。

無論是十四歲的人還是成年人，都一樣與「金錢」有所關聯。

即使你無法立刻理解這句話的含意，但當你讀完本書時，應該就能有所領悟。

那麼現在就馬上把十四歲的我和你叫來，開始談論「金錢」吧。

第 1 章　關於「金錢」

具備「激發人們努力與才華」的力量

金錢是裝滿「過去與未來的罐頭」

那麼，馬上就開始針對十四歲的你談談金錢議題吧。

首先，我想從**「金錢是什麼？」**這個問題開始思考。

重新思考後，會發現金錢對我們而言是非常親近的存在。然而，在社會教科書中雖然有提到「貨幣是什麼？」的解釋，卻沒有探討「金錢是什麼？」的問題。因此在考試中也不會出現這個問題。

老實說，就連從事金錢相關工作的我，也尚未找到一個簡單又一針見血的答案來解釋。金錢就是如此複雜又深奧的東西。

但是，關於金錢能為我們帶來什麼，以及它所扮演的角色和影響，我則比其他成年人更加了解，也進行了相關研究。

當我思考「金錢是什麼？」這個問題時，我腦海中浮現的形象是「罐頭」，它是一個正面貼著「過去」標籤的罐頭。

金錢並不會自然地在錢包裡增加。

就像給盆栽澆水並不會長出錢來，雞下的蛋裡也不會藏著錢一樣。沒錯，「擁有金錢」這件事一定是有原因的。

這些錢可能是從你父母的工作所得分到的零用錢，或是你幫忙做事的成果，或是別人送給你的禮物。這些錢一定都是透過某人的行為或關係而產生的。

總之，你錢包裡的這些錢都有它存在的原因。

換句話說，金錢是裝滿「過去行為」的罐頭。

即使外觀相同，但打開一看，裡面的內容物卻各不相同。你錢包裡的千元紙鈔和朋友錢包裡的千元紙鈔，它們存在於此的原因完全不同。有些罐頭裡的內容物只有一種原因，那就是全部都是「零用錢」，有些罐頭則是裝滿各種不同原因的混合罐頭。

因此，**你現在擁有的這些錢，是你迄今為止的生活證明。是你的努力、環境、人際關係，所有因素匯集在一起吸引而來的**。從這種意義上來說，金錢代表了持有者一路走來的全部歷程。可以說，你錢包裡面積累了你十四年來的生活經歷。當然，金錢並不能解釋一個人的一切。

試著將罐頭轉一圈。你會發現背面貼著另一個標籤，標籤上寫著「未來」。

沒錯，金錢是裝滿「過去的罐頭」，同時也是裝滿「未來的罐頭」。

我們可能會使用手上的錢去購買社團活動需要的工具、去看想看的電影、買偶像的商品、在便利商店買點心，或是買書。我們可以藉此獲得新的東西和體驗。這些都是「你對未來進行的選擇」。換言之，**「你花錢做什麼」的選擇，將會塑造出你的未來**。

金錢代表過去並創造未來，金錢是過去和未來的連接點。如果這樣想的話，我們似乎擁有了一種非常戲劇化的魔法，對吧？

對人們的幸福產生影響的「可怕」東西

另一方面，金錢也是一種「可怕」的東西。

請不要嘲笑這是冷笑話[1]。這是我第一份工作的公司前輩親口對我說的話。那是一家利用客戶委託的大額資金進行投資的公司，而前輩是負責管理委託資金的基金經理人。

雖然當時認為對方是個會講奇怪笑話的前輩，但持續工作了十年左右，我就漸漸理解那句話的含意：「確實如前輩所說的，金錢是個『可怕』的東西啊！」

正如我之前所說的，金錢是能夠實現未來自由選擇的美妙罐頭。然而，正因為如此，它也會成為爭執的源頭。它帶來許多機會的同時，也會導致你和渴望它的朋

1 譯註：日語中「金錢」（okane）與「可怕」（okkanee）的讀音相似。

友吵架，或是成為國家之間發動戰爭的導火線。

目前世界上發生的戰爭，大部分的導火線都起因於爭奪經濟利益，例如「只有你獨占財富真不公平」、「不，我不會退讓」等情況。即使是同一家公司，就算能跟相處融洽的團隊一起工作，但一旦錢用光了，最終也只能解散。

金錢是對人們的幸福產生極大影響的可怕東西，而這也是金錢的本質。因此在處理金錢時要特別小心。

然而，如果你能夠充分理解金錢既能帶來機會又伴隨著風險，並且小心對待它的話，它一定會成為你的人生夥伴。

罐頭裡的內容物豐富與否，完全取決於自己。我很喜歡這樣的金錢，而且覺得它非常有趣。

金錢是能夠實現「價值交換」的方便工具

讓我們再次回到一開始的問題。

金錢是什麼？

現在我想稍微偏離我個人的理解，更進一步地討論金錢的「定義」。

我理解的金錢的角色，是「**作為人與人之間進行價值交換的媒介，而且涵蓋所有活動**」。

所謂的媒介，也就是扮演連結的角色。

當某人想要提供自己製造，或是透過某種方式取得的物品或服務給其他人時，金錢就是在這種交換交易中扮演連結的角色。

那麼，當我們提供物品或服務給他人時，為什麼需要金錢呢？為什麼不是免費提供，而是以收取金錢來交換為原則，這背後是有其原因的。

在製造物品或提供服務之前，需要材料、知識、勞力、創意，以及各種能源和成本。在經濟學中，我們將這些東西稱為「研究開發投資」。

因此，提供成品給他人時，我們需要收錢來回收這些花費的成本。

除了材料費這種顯而易見的成本，**也要對「無形的成本」，例如勞力或創意設定價格，才能不斷地實現價值的交換**。

你家裡的物品，例如鞋子、盤子、書寫工具、被子、汽車……這些全部都是透過金錢獲得的。透過這種方式，我們的社會生活才得以建立和發展。

我相信大家都知道這段歷史，在沒有貨幣的時代，人們曾透過以物易物的方式來湊齊所需物品，但對於熟知現代生活的我們來說，可以想像這是相當不方便又沒效率的。

因此，古代人為了解決嚴重的不便發明了貨幣，並逐步發展其功能。一開始使用的是石頭和貝殼，漸漸地改成青銅等金屬材料，貨幣的形式也不斷進化。這就是

考慮所有「成本」因素，藉此決定「價值」

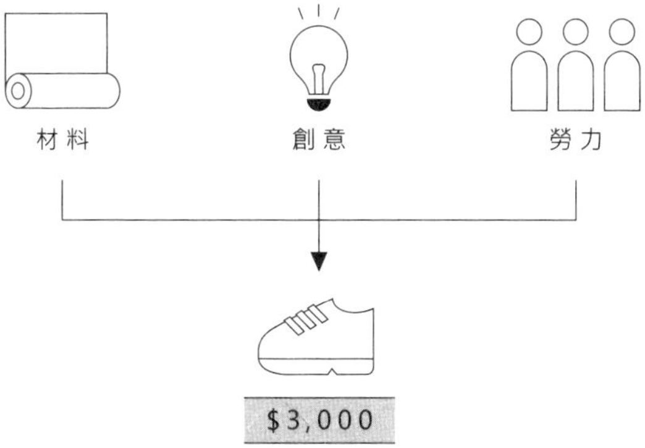

金錢能夠實現「價值交換」

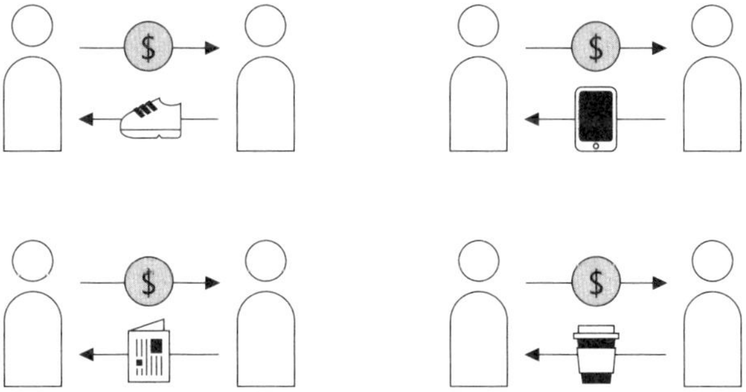

貨幣的誕生。

當貨幣開始在社會流通後，人們對於**「為了他人製造某物，替他人做某些事情的行為，將會以貨幣來交換」**這種規則，也有了更廣泛的理解。

當你獲得金錢時，就能夠擁有自己喜歡或想要的東西。

因此，越來越多人開始製造對他人有用的物品或服務，希望以此獲取報酬。

「金錢」推動了社會發展

請思考一個問題。你每天習以為常使用的物品，例如家裡的電視，你能夠從零開始獨自製造一台電視嗎？

這個過程需要繪製設計圖，採購所有零件，進行組裝，甚至還要自己建立接收信號的通信環境。

恐怕沒人能夠說出：「我可以一個人完成全部的作業。」

然而，也沒有人對此感到悲觀。因為即使我們無法獨自製造電視，但我們還是可以取得他人製造的完美電視。

只要花錢購買，立刻就會成為自己的物品。

許多推動人類發展的發明之所以出現，可以說因為在它們誕生之前，貨幣就已經存在了。

當然，在沒有貨幣的時代，也會有為了他人而努力的人，但是當社會發展出「可以用金錢交換」的約定後，那些積極努力、發揮才華的人便迅速增加了。

換言之，**藉由金錢所具備的「激發人們努力與才華的力量」，文明社會的發展才得以加速**。這麼一想，金錢真的是很了不起。

像這樣，貨幣從誕生之際就受到人們的歡迎，但也必須有人來保障其價值。因為如果大家不相信「這個貨幣是真實的，可以用來交換喜歡的東西」，交換就無法成立。

因此，不是任何人都可以發行貨幣，而是透過當時的政府正式發行貨幣，才能確保其價值（關於這個機制，將在第61頁詳細解說）。

然而，無論什麼時代總有人想做壞事。日本最早誕生的貨幣是在西元六八三年左右製造的「富本錢」，這是一種圓形錢幣，中央有一個方形孔洞。但幾乎同一時期的出土文物中，也發現了大量偽幣，據說數量甚至超過真錢，這也讓人對人類的貪婪感到驚訝無比。

總覺得從前的祖先有點可悲，但我們也可以從另一個角度來看待這種情況，即他們的貪婪所追求的是「他人的努力」和「他人的才華」。

因為他們渴望獲得那些努力和才華帶來的成果，所以自己製造貨幣來取得。這種純粹的貪婪讓許多人製造出精緻的偽幣，我覺得這很符合人性。

然而，無論在哪個時代，偽造貨幣都是重罪。當然，當時的政府也嚴格取締了偽幣製造者。雖然進行了取締，但那些製造出來的偽幣，精緻度足以讓人誤認為真貨，據說反而有人稱讚這些壞人技術高超，並將他們雇用為官員。

能產生這種奇特的真實故事，證明了金錢果然是有趣又強大的東西。

雖然「強大」，但並非「萬能」

金錢可以用來交換自己喜歡或想要的東西。如果你擁有很多錢，是否就能過著稱心如意的生活呢？實際上並非如此。

因為我們**不能說：「有錢就可以得到任何東西。」**

舉例來說，空氣、太陽、海洋這些自然賜予的恩惠，無論是多有錢的人都無法買到。

又或者是愛情、友情、信任和尊敬，這種人類情感也是無法用錢買到的東西。不久前有位創業家提出「女性的心可以用錢買到」的言論，在網路上引起爭議，但這句話一半是事實，一半是錯誤的。

確實，高級餐廳的餐點或是從高層公寓欣賞到的美麗夜景，或許能夠點燃女性的愛火，但僅憑這些是難以讓愛情持久的。

換言之，**世界上有些東西是不論多有錢的人都無法買到的，它們是無法用價格衡量的「無價」之寶**。說不定無法買到的東西比我們能買到的還要多。

此外，即使物品有標上價格，也可能因為數量不足而無法購買。

「以前能買的東西很少，即使想買也買不到。」你應該也經常從爺爺奶奶那裡聽到這種故事吧。

實際上，在第二次世界大戰戰敗的日本，面對嬰兒潮造成的人口增長速度，製造物品的勞動力、工廠，以及銷售物品的商店和流通網路都極度不足，持續存在著嚴重的「供應不足」問題。

即使有錢，也沒有足夠的物品。因此「製造者」的地位比有錢人更強大，當時到處都會聽到「拜託，請賣給我吧」、「我可以賣給你」之類的對話（現今社會大多認為付錢的顧客更了不起，跟以前的情況截然不同）。

從那個時代開始，物品的供應逐漸增加，另一方面，人口減少後，買家也變少了，因此現在被稱為「物資充斥的時代」。

商品不斷持續供應，只要去商店，架上總是擺滿了商品。

然而，在這種現代社會，也仍然存在著不容易購買的物品。那些使用非常珍貴的材料或技術，創造出世界上獨一無二的商品和服務的人們，會吸引許多人前來表示：「請將它賣給我。」

稀有度越高且需求越大，物品的「價值」就會隨之上升。而且聚集而來的金錢也會與價值成正比。

請以這種視角來觀察世界上的「價格」，我相信你一定能找到有趣的發現。

經濟＝「彼此互相幫助的關係」

提到「金錢是什麼？」這個問題，我也想談談與其有關的「經濟」議題。

如果有人問你：「經濟是什麼？」你會如何回答？你的學習成績相當不錯，也許你會說明在學校或補習班學到的各種知識。

然而，教科書上提到的「經濟」，是指能夠賺錢並自由使用後才開始涉及的事物，所以你可能會認為這與尚未投入工作的自己無關吧。

如果是這樣的話，我希望你從今天開始摒棄這個想法。經濟不僅僅是成年人的事，它也與孩子，甚至是剛誕生下來、哇哇大哭的嬰兒有密切關係。

我們光是活在這個地球上，就已經對經濟做出重大貢獻。

的確，那些高收入並繳納大量稅款的人對整體社會經濟帶來的影響非常強大。然而，即使是一個未曾賺取過一塊錢的十四歲的人，也可以是一個優秀的經濟人。

舉例來說，你穿的衣服、剛剛喝的寶特瓶果汁，以及晚餐打算要吃的蛋包飯，這些原本都是某人製造出來的商品。

而你的父母或你自己購買了它們，當作自己的物品在使用。雖然花在這些物品上的錢可能不是你自己賺來的，但是**作為一個「消費者」，你是造成金錢流動的主要原因**。

換言之，如果你沒有誕生在這個世界上，那些金錢就不會流動。這樣一想，是不是感覺「經濟」這個詞彙與我們更加親近了？

由於你的存在，許多公司才得以存在。

假設你今天穿的襯衫價值三千元，這個三千元對於銷售襯衫的店家、製造襯衫的廠商，以及其他相關公司來說，就是他們的「銷售額」。

這些公司將銷售所得的錢當作資金，支付薪水給員工，進一步作為產生新商品的資金來源，接著下一季的衣服就會再次來到你手中。**這種經濟循環需要「消費」才能啟動**。

經濟循環從「消費」開始

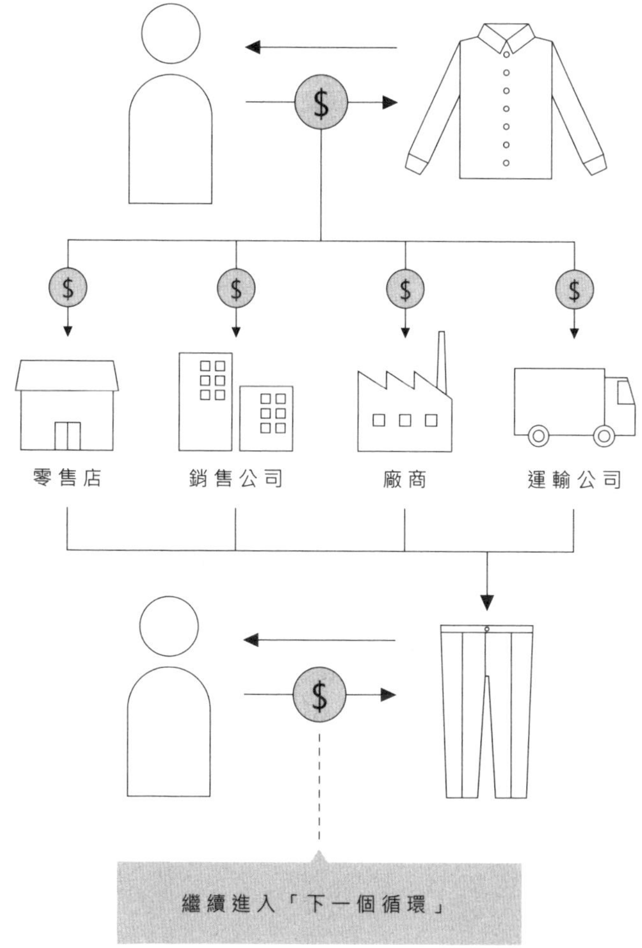

在這個世界上，應該沒有一個國中生從出生到現在的十四年裡，是完全自給自足，且未曾與任何人互動交流。在與人或物品有所接觸的時間點，就可以說是充分「參與了經濟活動」。

別說是國中生，就連剛出生的嬰兒也是如此。他們要喝奶、有人幫忙換尿布，當嬰兒哭泣時，也會拿出他們喜歡的玩具。光是這些行為，就支撐了製造牛奶、尿布，以及玩具公司的銷售額。因為嬰兒的存在足以構成一個產業。

我希望解開社會上的誤解。

「如果不工作賺錢，就沒有參與經濟活動」這種觀念完全是錯誤的，我想要大聲說出來。

當我聽到專業主婦或主夫說：「我沒有工作，所以沒有參與社會。」時，就不禁想要告訴他們：「沒有那樣的事！」

專業主婦或主夫這種「工作」的生活方式，是代替那些專心工作的伴侶承擔他們份內的家事和育兒責任，所以僅僅如此，就已經是非常優秀的社會參與行為。

而且，即使沒有負責家務或育兒，只是活著並進行消費，也是在支持家人以外的許多人。

年長者也是一樣。對於那些嘴上說著：「我已經退休了，對社會沒有利用價值囉。」的老爺爺，我也想告訴他們事實並非如此。

更進一步地說，即使是那些常常受到社會冷眼對待的尼特族（指不去上學、工作，也沒有接受職業訓練的人），僅僅作為消費者，他們也在日常生活中參與了社會活動。

即使是臥病在床身體行動不便的人，透過治療或療養後，也與經濟活動有著密切關係。

如果沒有消費，經濟就不會運作。

人類只要活著，就無條件地支持著他人。這與年齡、性別，或就業與否無關。所有人都在支持著他人。這種互相幫助的觀念，也就是**彼此互相幫助的「互助」關係，正是「經濟」的基礎**。

經濟就是人與人互相支持的活動。

銀行讓錢在社會中循環

當你收到壓歲錢或零用錢，如果沒有馬上要使用時，你會如何處理這筆錢？身為一個踏實的人，你可能會回答：「我存進銀行了。」

銀行收集了許多人「暫時不使用的錢」。那麼，銀行用這些收集而來的錢做了什麼呢？

銀行並不是將鈔票堆積在巨大的金庫。**銀行的角色是讓收集而來的錢「在社會中循環」**。

舉例來說，假設一對三十幾歲的夫妻有了孩子，他們討論著：「現在住的公寓太小了，想買一間稍微寬敞點的獨棟房子。」並找到了想要居住的房子。

然而，以夫妻的收入和儲蓄，要購買價值數千萬元的獨棟房子是很困難的。但如果等到存款足夠的年紀，孩子們也早已成年了。是的，人生偶爾會發生這種「需要提前準備好金錢的事件」。典型的例子就是購買住宅。

即使沒有錢也想要擁有自己的房子。銀行就是為這種人提供貸款及分期還款的服務。「房屋貸款」讓人們可以利用每個月數萬元的分期付款來購買數千萬元的房子，它與許多人的人生規畫有著密切關係。

房屋貸款原則上是針對個人的貸款服務，但同樣地，銀行也會向公司提供貸款服務。

舉例來說，對於計劃興建工廠以製造新產品的公司，銀行就會提供貸款，讓他們支付建造工廠的費用。

根據工廠的規模，需要的費用可能會是以億為單位的龐大金額，但如果新工廠生產的產品非常優秀，受到許多人支持且大受歡迎，該公司就能賺很多錢，並確實償還向銀行借款的資金。還錢時，必須支付一些額外費用，我們稱它為「利息」。利息的一部分將成為銀行的利潤。

這種「向那些想要提前實現夢想的個人或公司提供貸款」的業務，是對彼此有利且非常成功的機制。

雛子同學是住在東京的國中二年級學生，我最近聽她說了一件事，據說她的夢想是「建造一個迷人的機場」。

她和父母一起去國外旅行時，飛機降落在英國的希斯洛機場，這成為了她的夢想契機。她開心地告訴我：「機場裡還有電車經過，非常有趣。我也想要建造一個像城市般的機場，所以將來希望成為一名建築師。」

當雛子成為建築師並實現建造機場的工作時，肯定會向銀行借錢（一般稱為「向銀行融資」）。

而且像城市般的迷人機場完成後，它一定會獲得好評，許多人將會使用雛子建造的機場。

這麼一來，提供貸款的銀行也會感到高興，但結果不僅僅是如此。那些在機場找到工作的人們的生活會更加富裕，家庭成員會增加，同時他們也會繳納稅款，而整個社會也會越來越富裕。

從雛子的夢想延伸出來的**「富裕」連鎖是永無止盡的**。

我認為將錢借給夢想的絕妙之處就在於此。

附帶一提，我從事的「投資家」這份工作，與銀行的角色相近。更直接一點的話，或許可以說這是一份支持夢想的工作。關於這個話題，我們稍後再慢慢討論吧。

可能有些人在前面的討論中已經注意到了。

今年年初你存放在銀行的壓歲錢，此刻會是怎樣的狀況？它肯定已經流動到社會各個角落，支持著某個人的夢想。

擁有「儲蓄之外的選擇」吧！

理解銀行的角色後，我想你對「儲蓄」的印象可能會有所改變。儲蓄看起來是為了自己，但實際上它也可能成為支持陌生人的夢想基金。

另一方面，有人說日本人「過於偏愛儲蓄」。

相較於將工作賺來的錢花在自己喜歡的事物上，可能大家無意中都接受了儲蓄較為「清白正確」的教育觀念，因此許多人都會儲蓄而不願花掉。

如果將錢存入銀行，而且銀行確實將這筆錢用於貸款時，就會產生剛剛提到的「讓錢在社會中循環的效果」。但可惜的是，實際上銀行可能會出現一個問題：「未能將存入的資金有效地用於貸款」。因此，你存入銀行的錢是否真的對社會有益，還是有些疑慮。

此外，還有許多人會將現金直接放在家裡，也就是所謂的「衣櫥存款」。

日本的個人金融資產約為一九〇〇兆日圓，現金加存款為一〇五六兆日圓（截至二〇二〇年十二月底）。其中現金（即衣櫥存款）高達一〇一兆日圓。

這個數字的單位太大，可能讓人難以理解，但日本政府每年使用的國家預算金額（一般會計歲出總額）約為一〇〇兆日圓，也就是說**個人的現金加存款金額竟然接近國家預算的十倍**。

這是日本在先進國家中獨有的傾向，而歐美人士並沒有那麼看重儲蓄的價值。他們傾向於將錢花在消費和投資上，讓金錢不斷地循環，進而活化經濟。

截至二〇二〇年三月底，日本家庭金融資產（個人資產）中的「現金、存款」占比為五四點二％，而美國則僅有一三點七％。

相反地，美國人在股票和投資信託上使用了更多的資金。這是因為在美國，「要增加資產最好還是選擇投資」的價值觀已經根深蒂固。

那麼，為什麼日本人喜歡將現金存在手中呢？

這是我的假設，可能日本人就是單純地「熱愛」金錢。

日本人喜歡金錢本身、喜歡紙鈔和貨幣這種實體形式的錢，所以不願意花掉。

我從事處理金錢的工作，也經常有機會遇到超級富有的人。確實有這種人存在，他們「非常非常喜歡作為貨幣的錢」。

他們擁有花不完的錢，卻不願意使用。因為他們非常喜歡錢，不願意輕易放手。

我經常對那些幹勁十足試圖挑戰新事業的創業家說：「**你們的競爭對手不是其他公司，而是金錢本身**。如果你無法創造出能夠戰勝金錢魅力的商品和服務，顧客就不願意購買。」

對於猶豫是否要買新包包的消費者來說，選擇不一定是「要買 Louis Vuitton 還是 Hermès？」不如說大多數的情況是「要買 Louis Vuitton 還是把錢留在手中？」

「如果擁有許多心愛的錢，應該就能變幸福，因此盡量不想讓錢離開手中。」——這種價值觀推動了人們「儲蓄」的行為。

然而，如果每個人的首要目標都是把錢留在手中，世界將會變成什麼樣子？

推動經濟循環的契機是「消費」。因此，**如果沒有消費，金錢就不會流動，經**

濟活動也會變得緩慢。換句話說，這不會為整個社會帶來幸福。

日本長達三十年的經濟不景氣，也可以視為是那些「不願意花錢，想把錢留在手中」的人們做出選擇的結果。

當然，如何處理金錢是個人的自由，所以我並不是想說：「儲蓄是不好的。」但是，我們應該擁有更多元的選擇。**不是憑感覺選擇「儲蓄」，而是應該在了解其他選擇後，能夠按照自己的想法做出選擇**。

「股票投資」就是其中一個「其他選擇」。

假設有某家公司想要製造新商品，手中已經有創意、技術和勞力了，但是缺少大量資金。

對於這樣的公司，有一種方法可以籌措資金，而不需要向銀行貸款。他們會告訴大眾：「你願意以『股票』的形式購買我們公司的權益嗎？賺錢之後，我們會定期分紅利給你。」藉此集資。

如果你認為「原來如此，這家公司似乎有前途」，然後購買了股票並成為「股東」，那麼根據你持有的股份，你就能在該公司擁有發言權。股票的英文是「share（股份）」，意思就是「分配、分發」。

如果這家公司受到消費者的支持，能夠賺取很多錢，你就能根據你持有的股份比例分配到利潤，或是當你持有的股票價值上漲時，你也能從中獲得收益。

投資股票不外乎就是在支持企業、幫助創造新社會，打造美好的未來。

然而，在日本不知何故，有很多人對投資抱持「投機」的印象。投機是指賭博、打賭的行為。

當你將錢存入銀行時，存摺上會印著存入金額的數字，所以你會感到放心：「錢確實在這裡了。」但是用於股票投資的錢則會從你手中消失。

但實際上錢並沒有消失，而是轉變成股票的形式繼續存在，雖然乍看之下，它似乎從存摺上消失了，因此你會感到「害怕」。而且，這就好像將自己的寶貴資金送往股票市場這個競技場，讓它們出去奮戰一樣，於是你就會盯著股價的波動而焦慮不安。

「我討厭這種不安的感覺，無法積極地進行投資。」經常聽到人們這樣說。

另一方面，美國人（不僅是美國人，日本人當中也有一些人是以健康的心態享受投資）的認知，則是「雖然現金的確減少了，但相對地，股票這種資產卻增加了」，因此能以平靜的心態過日子。

我希望你能了解一個結果：從一九九五年到二〇一五年的**二十年間，日本的家庭金融資產增長了一點五四倍，美國則是三點三二倍**（出自〈平成二八事務年度金融報告〉）。

你是看到眼前「實實在在」的錢才能感到安心？還是即使金錢改變形式存在也能視為自己的資產？這種意識上的差異決定了整個國家的富裕程度。

只要稍微調整對金錢的心態，未來的富裕程度也會有所不同。

我希望將這個事實傳達給即將踏入社會的你。

害怕「借錢」之前，需要考慮的事情

我認為「害怕借錢」的想法也是日本人過度偏愛儲蓄的原因之一。

不應該向別人借錢。

借錢會毀掉人生。

這樣的諄諄教誨很常見。

的確，毫無計畫地讓債務增加，或是從一開始就沒有還款意願而賴帳，都是不好的。

然而，即使無法償還債務，也不代表人生會就此毀掉。

債務並沒有想像中那麼可怕。因為在日本，有完善的救濟制度可以幫助債務人重新站起來。

舉例來說，有一種制度叫做「宣告破產」。聽到「破產」一詞，你可能會覺得整個人生彷彿就此結束，但實際上這個制度設立的目的，並不是為了「將被債務壓得喘不過氣的人逼到困境」。而是雖然必須拋棄目前擁有的財產，但無法償還的債務也能藉此一筆勾銷。換言之，這是一個能將債務歸零，讓個人重新建立社會信用，重新站在起跑線上的制度。並不會因此失去生命或家人，而且還能開始進行新的挑戰。

總之，**就是保證提供我們一個「隨時可以重新挑戰的環境」**。因此，過度擔心債務而不去挑戰是很可惜的一件事。

我認為最重要的是，要鍛鍊出「無論多少次都能夠重新挑戰的能力」。

即使我失去了目前擁有的全部資產，變成一無所有，我也有信心能夠想辦法擺脫困境，重新站起來。

雖然當下可能因為沒有錢導致生活陷入困境，但我在過往經驗學到的「賺錢能力」並不會消失，所以我相信自己會立刻開始嘗試新的事情。

賺錢能力，是指謹慎觀察社會潮流、尋找能夠提供自我價值的客戶，以及吸引夥伴加入的能力。

許多人往往以為能夠保護他們人生的是資產，認為存摺裡的金額越多，就越能放心，但是真正能夠保護人生的是**智慧、夥伴，以及勇氣。這些要素比金錢重要一百倍甚至一千倍，它們是能夠隨時重整人生的關鍵**，我希望將這個重要的訊息傳達給你。

舉例來說，假設你未來罹患重病，沒有足夠的錢支付醫療費用，但如果有一位朋友伸出援手，願意對你說：「我來幫你付吧。」那該有多好。與其過著只為自己存錢的人生，擁有能夠互相依靠的夥伴，會讓人生會更加豐富。

借錢最好不要過度，但請記住一點，你也不必過於害怕因借錢而失敗。

為了在借錢失敗後能夠重新站起來，應該不斷累積知識、經驗，以及人際關係，以提升自己的能力。我認為事先做好這樣的準備，就能更堅強地走過人生的旅程。

我也曾經體驗過多次危機，而我所遇到的有魅力的成年人也都是從失敗和挫折中存活下來的人。他們克服了債務、背叛、破產、離婚等各種不同的痛苦。可以這麼說，沒有人的成長經歷是毫髮無傷的。

所有在社會上有著出色表現的成年人，可能看起來都是完美無瑕的人，但事實並非如此。

大家都有很多缺點，但彼此互相填補缺陷，即使面臨許多困難，也一直想辦法前進。

然而，他們並不會因為這種人生令人痛苦而想要放棄，反而是打從心底享受這段旅程。

我要再次強調，金錢上的失敗是可以修正的。我們應該害怕失去挑戰的勇氣，而不是害怕失敗本身。

因此，我希望你也能成長為一個能從失敗中一次又一次重新站起來的成年人。

夢想在前，金錢在後

要是能生在一個更富裕的家庭就好了。

你是否有過這種想法？

因為你家也是非常普通的雙薪家庭，所以有時也會羨慕那些可以馬上得到想要的東西的國中同學。

當我成為大學生，從鄉下前往東京時，看到富裕的都市孩子開著帥氣車子，或是開車帶女孩子去餐廳的情景，就令我感到相當自卑。

一個人在成為社會人士的起點是否擁有大量金錢，應該會對之後人生的成功產生重大影響吧？

我當時充滿了這種不安感。

然而，現在我可以明確地說：「現實並非如此。」相反的，我想告訴當時的自己：「很多人原本並不富有，卻取得了巨大的成功。」

你覺得難以置信嗎？但這是真的。

例如「前澤友作」這位人士，他創立了 ZOZO 公司與時尚電子商務網站「ZOZOTOWN」，並使其急速成長。

前澤先生在二〇一九年將 ZOZO 賣給了軟銀集團旗下的 Yahoo，獲得了大約一千億日圓的資產。如今，他又將這筆錢當作資金展開新的挑戰，打算實現太空旅行的夢想。想像一下一千億日圓一次存入銀行帳戶，這個數字是多麼龐大啊。

可能很多人以為前澤先生從以前就是一個大富豪，但實際上他曾經歷過漫長的貧困時期。

他度過了絕對不能稱作富裕的孩童時期，一直夢想成為一名音樂家，卻始終不得其志。

現在購買CD的人變少了，但在不久之前，當我們想要聽音樂時，一般都是購買CD。

據說前澤先生也曾試圖將自己創作的音樂錄製成CD販售，但似乎沒有想像中的暢銷。

因此，喜愛繪畫的前澤先生為了賺取新ＣＤ的製作費，決定把他繪製的圖案設計成Ｔ恤來販售。這就是「ZOZOTOWN」的起源故事。

無論如何他都想繼續追求自己喜歡的音樂，最後這個夢想便與積極賺錢的行動力互相結合而實現了。

不只是前澤先生，在社會上獲得巨大成功的人們都有一個共通點，**那就是「比起追求金錢，他們更早就擁有夢想」**。他們強烈希望「實現這個夢想」，因而激發了努力的動力，也吸引了那些「想要支持對夢想如此拼命的你」的人們。最後結果就是金錢也會隨之而來。

不是因為有錢才能實現夢想，而是因為有了夢想，金錢才會湧入。

先有夢想，金錢便隨之在後。我希望你一定要記住這個順序。

「信用」能將紙片變成鈔票

在此換個話題，我曾經長期參與在柬埔寨建設學校的專案。

每個國家都有自己的貨幣。日本是日圓，美國是美元，中國是人民幣，那麼柬埔寨的貨幣是什麼呢？我想很少有人能夠立刻回答出來，答案是「瑞爾」。

然而，這個「瑞爾」明明被認定為柬埔寨的貨幣，但在當地並不常使用，反而是使用美元。原因是「瑞爾」缺乏「信用」。

相較於先進國家，柬埔寨的政局較不穩定，再加上人們不知道瑞爾何時會暴跌所引發的不信任感，導致其他國家的貨幣在該國流通。

在柬埔寨，官員和警察收賄的不法行為也十分猖獗，據說這些收賄所要求的貨幣也是美元。

「一萬日圓紙鈔有一萬日圓的價值，五千日圓紙鈔有五千日圓的價值。」這種共識已經是我們的社會常識，所以柬埔寨的情況對我們來說是難以置信的。

請仔細觀察你手中的紙鈔。雖然它們印刷得很精美，但只不過是一張紙片而已。

即使考慮到材料費和印刷費，製作一張一萬日圓紙鈔的成本也只有二十日圓左右。為什麼實際上只有二十日圓價值的紙片，能被認定具有一萬日圓的價值呢？

原因無非就是日本這個國家的信用受到大家的認可。

從北海道到沖繩，國土上的每個角落都受到治理（雖然存在各種問題，但在此先略過不談），一旦發生問題，警察就會迅速趕來，犯罪者會受到懲罰。作為一個正常發揮統治功能的國家，大家都會信任它，因此日本的貨幣才具有價值。

貨幣的信用程度深刻地反映了當時的國家實力。

在當今時代，美元、歐元和日圓被視為世界三大貨幣進行交易，這是因為全球都認為美國、歐洲（歐盟）和日本的國力穩定且「值得信賴」。

此外，最近中國人民幣的實力也逐漸增強。這表示中國在政治、經濟上的影響力變得更加強大。

大約三十年前，我作為日本和中國學生的國際交流團體「日中學生會議」的成員訪問了中國，那時美元在中國的流通量更勝於人民幣，所以情勢已經有了相當大的改變。

貨幣的勢力平衡是展現當時國際競爭力的指標。

日圓的信用並不是一開始就很高。

是經過先人們在戰後拼命努力完成復興工作，日本的國力才穩定下來，並在國際上被認定為「先進國家之一」。

更進一步地說，**「日圓」這個貨幣的歷史相對較短，直到明治時代（一八六八～一九一二年）之後才正式作為「貨幣」在社會上流通**。

可能有人會產生疑問：「咦？不是大和時代（二五〇～五三八年）就有貨幣了嗎？」你說對了，就是我在這個章節開頭提到的「富本錢」。

然而，據說這個富本錢實際上大多被當作裝飾品使用，之後出現的「和同開珎」也只在大和政權勢力影響的地區流通。

儘管如此，在此期間社會還是透過「貨幣」的功能不斷發展。那麼，是什麼東西取代貨幣成為真正的「錢」呢？

我喜歡歷史，甚至寫了一本名為《對商業有用的「商業日本史」課程》（暫譯，ビジネスに役立つ「商売の日本史」講義）的書。機會難得，就讓我從稍微獨特的角度來談談日本的貨幣歷史吧。

日本的貨幣曾經是「米」?!

在日本，有很長一段時間代替貨幣使用的東西是「米」。「okane（日語「金錢」的讀音）和「okome」（日語「米」的讀音）聽起來很相似吧。

為什麼是米呢？這與日本列島特有的風土環境有密切關係。

日本被山海圍繞，在潮濕季風的吹拂下，使得廣大地區都能栽種稻米。收穫的稻米保存性佳、容易搬運，品質也很穩定，是一種可靠的食糧來源。由於日本長期經歷食糧供應不穩定的時期，最終「可供食用」的特點也成為非常重要的價值。米作為具有交換價值的「貨幣」開始被交易，而稻米產量豐富地區的權力者也越來越富有。

除了米之外，還有另一種流通的東西，那就是與日本隔海相鄰的中國貨幣。當時的中國是一個先進國家，在當地流通的貨幣比日本的貨幣更受信任。

舉例來說，在平清盛馳名的時代，平家在源平合戰[2]時的財源來自於他們獨自透過日宋貿易獲得的「宋錢」。平家利用這種信用度高的中國貨幣來增強自己的兵力。

米作為貨幣所發揮的功能遠勝於當時政府發行的貨幣，這種情況持續了很長一段時間。此外，那些利用米的發酵技術製作出保存期限較長商品的人們逐漸掌握了權力，這些人就是酒鋪業者。

你知道酒是利用米的發酵製成的嗎？這種發酵技術也是由日本的風土環境產生的獨特「麴菌」所帶來的恩惠。正可說是「菌能招金」[3]。

釀酒需要大量的米。使用大量的米並為其增加附加價值，在日本被視為富裕的象徵。同樣地，利用米的發酵製作味噌並進行銷售的味噌店也因此發展起來。

於是不久後，酒鋪和味噌店便利用他們的財力開始從事貸款業務。

2　譯註：指日本平安時代末期一一八〇至一一八五年這六年間，源氏和平氏兩大武士家族爭奪權力而展開的大規模內亂。

3　譯註：日語「菌」的讀音是「kin」，而「金」的讀音也是「kin」，因此這裡有諧音雙關之意。

總而言之，就是出借米。他們將米借給那些想要開始新生意的人，對方還米時還會向他們收取利息。開啟了類似現代銀行的金融業務。與此同時，專門存放米和酒的倉庫業務，即所謂的「土倉」也活躍了起來。

雖然在制度上也有政府指定的管理者，例如「地頭」和「守護」這種職務，但實際上他們並不能完全掌控每個角落，畢竟擁有財富的人們依然有著強人的權力。

這些財富是指米、酒和味噌。而且，擁有這些東西的人會決定提供貸款給誰，這種判斷也對政治動向帶來強烈影響。

舉例來說，在源平合戰中，要讓戰爭往有利方向進行，需要採購武器的費用和糧食等補給支援。而扮演支援戰力的重要角色，就是酒鋪、味噌店和倉庫業者。他們像投資家一樣，支援那些有可能「獲勝」的勢力。

教科書裡記載的日本歷史，是著重在平家和源氏誰勝誰負的「武士歷史」，但若換個視角，這段歷史就會變成「商人歷史」。

歷史故事的觀點會根據「以誰為主角來書寫」而截然不同。若以商人而非武士為主角，故事就會圍繞著「金錢」來發展。

隨後，商人所操控的「金錢」命運將成為政權交替的關鍵因素，陸續引發一連串的事件。

在鎌倉時代（一一八五～一三三三年）到室町時代（一三三六～一五七三年）之間崛起的是「寺廟」。

寺廟從地區的信徒（施主）身上徵收各種物品累積了財富，並開始提供貸款服務。據說他們的利率相對較低，約為五％～一〇％左右。

另一方面，酒鋪和土倉的利率則相當高，約為十五％～三〇％。當時似乎經常發生借款人趁夜潛逃的情況，因此如果不以高利率放貸，損失會非常嚴重。

寺廟之所以能提供較低的利率，是因為遇到呆帳的風險相對較低。他們可以威脅借款人：「如果不還錢，你會下地獄！」還雇用了專門負責催收的「僧兵」。歷史上赫赫有名的「弁慶」也曾是一名僧兵。

當政權動搖時，一定會牽涉到金錢。

鎌倉幕府垮台的導火線，實際上也是與貸款業者有關的糾紛。

如果你喜歡歷史，我相信你會知道「德政令」一詞。這是鎌倉時代頒布的一項法令，命令貸款業者「放棄債權」。換言之，就是下達「讓債務一筆勾銷」的命令。

為什麼會發生這種事呢，這是為了幫助窮困的武士們。

當時，為了守衛被蒙古人攻打的北九州，幕府派遣了許多武士並採購武器，但武士們無法自行籌措這些資金，便向酒鋪、味噌店、土倉和寺廟等貸款業者借了巨額貸款。

最後他們成功趕走了蒙古軍隊，但無法償還剩餘的債務，窮困的武上們開始不停地抱怨。

因此，幕府採取的政策就是「債務一筆勾銷」。從出借者的角度來看，這是無法忍受的事情。憤怒的貸款業者決定「不再借錢給武士」，使得武士們越來越窮困。

結果，武士們也聚集起來行動，並以「打倒鎌倉幕府！」為目標，進而促使足利氏的崛起和室町幕府的誕生。

在這之後，金錢繼續推動歷史的發展。

當持續了兩百年的江戶時代（一六〇三～一八六七年）因明治維新結束時，大量金錢也開始流動。此時要支持江戶幕府還是薩長同盟（薩長同盟是指由坂本龍馬居中協調組成的薩摩藩和長州藩的聯盟）？換言之，是要支持現行政權還是新興勢力？

兩方各有出資的支持者。當時，貸款業者被稱為「兩替商」，貨幣取代了米成為主流的交易工具。

在此省略詳細過程，最終獲勝的是薩摩藩和長州藩，那些相當於現在投資創投公司的人們獲勝了。

新政府將實施一個名為「廢藩置縣」的重大改革，即廢除以往的藩制，改成縣制，並要求出身於武士階級的大名退出政治舞台。

雖然預料到會引起激烈的反彈，但當時採取的政策是「債務一筆勾銷」，也就是將大名所欠的債務一筆勾銷，透過這個條件來緩和大家的不滿。

那時候在大坂（當時的寫法是「大坂」，而非「大阪」）地區原本有許多專門為大名服務的兩替商（大名貸，即提供貸款給大名的業者），據說實施這個政策後，一時之間自殺者暴增，道頓堀的河水還因此被染成鮮紅色。

當世界發生巨大變動時，金錢也會出現急遽動盪的情況。

而「商人歷史」告訴我們，這樣的變動促使某些人的命運翻天覆地。

「加密貨幣」會改變我們的世界嗎？

先前我們談論過，貨幣的形式會隨著時代而改變，而且受到人們信賴的程度也會隨之變化。

那麼，接下來的十年、二十年後，貨幣將如何發展變化呢？

你曾想像過「未來的貨幣」嗎？

在過去數百年來，紙鈔和硬幣扮演了「貨幣」的角色，廣泛地被使用。

尤其是在印刷技術進步，遭人偽造假鈔的風險變少後，信用度更是提高了。而「方便攜帶」的優點也是重要原因。

然而，這個貨幣的信用並非絕對的。特別是在經濟不景氣持續的情況下，當貨幣流通量減少時，政府就會推出大量發行貨幣的政策，試圖在短期內提升景氣。

舉例來說，面臨金融風暴（雷曼兄弟破產）和新冠病毒危機時，全世界都採取了這種金融寬鬆政策。

結果貨幣供應過多，導致貨幣價值下降，如果這種情況太過嚴重，貨幣本身的信用也會下跌。

另一方面，最近備受注目的，則是取代傳統貨幣的新型貨幣「加密貨幣」。

加密貨幣是指使用網路加密技術，只透過電子數據交換進行交易的一種貨幣。

目前已經開發了許多種類，但以悠久性來說，「比特幣」和「以太坊」等最為著名，一度成為賭博性投資的對象，導致價格大幅度波動，但交易也逐漸趨於穩定。

這種加密貨幣的驚人之處在於「可以完全確定持有者的身分」。

仔細想想，我們平常使用的硬幣或紙鈔，幾乎無法證明它是屬於「目前持有者的物品」。

你錢包裡面的千元紙鈔，真的是你的嗎？你要怎麼證明呢？

我也很難證明我錢包裡的東西是自己的。昨天早上我確實在車站前的提款機領錢，但我沒有任何證據可以說出：「這不是我在路邊撿到的錢。」

是要跟提款機的監視器畫面比對嗎？或是拍攝從提款機取出的每一張鈔票上

的號碼？還是要在所有鈔票上都寫上「藤野英人」這個名字？這些做法都不太實際吧。

這樣一想，硬幣和紙鈔很難證明持有者的身分，算是非常不穩定的貨幣。如果在治安不良的國家，例如在提款機領錢的瞬間就遭遇搶劫，貨幣制度就無法建立下來。硬幣和紙鈔可說是一種絕對需要以「和平」作為條件的貨幣。從這種意義上來說，先進國家所發行的貨幣更容易獲得信任（換言之就是容易聚集權力）。

在這方面，加密貨幣也不必擔心會遭人搶劫。所有交易都會數據化，持有者與使用者的紀錄會和個人資訊連結並儲存下來，因此據說很難出現不法行為和犯罪情況。

似乎有許多人認為「加密貨幣是看不見的，所以很可怕」，但實際上現行的硬幣和紙鈔可能更加令人擔憂。

然而，加密貨幣也存在著一些問題，為了安心使用，絕對需要普及具有穩定電力供應的網路環境。

此外，也需要讓技術更加進步，以取得大家對「密碼絕對無法破解」的信任。

我並不清楚今後加密貨幣是否將成為全新貨幣掌控世界，但可以確定的是，**加密貨幣已經成為一個不可忽視的存在**。

假設加密貨幣迅速普及，世界將會如何改變呢？應該會出現非常重大的變革。網路可以輕鬆跨越國境，所以發行加密貨幣的主體將不再是國家。如同歷史教導我們的一樣，「發行貨幣的權力」是國家權力的象徵，與軍事力量和政治力量並列，並與國際權力平衡連動。

當「信用」的單位超越國家框架時，會孕育出怎樣的歷史呢？

那個未來一定是由你們創造的未來。

你們想要使用什麼樣的「貨幣」創造出什麼樣的未來？我希望你們能夠自由地思考，享受創意的樂趣，不要受限於過往的常識。

第 2 章　關於「使用」

「我們的花錢方式」將決定社會的面貌

人們的真實想法會體現在「購買」上

在你大致理解金錢是什麼之後，接下來讓我們思考一下「花錢方式」。

你應該已經有數不清的「花錢」經驗。

那麼，當你花錢時，會發生什麼事呢？

錢包裡的錢減少了。這是正確的。

會得到想要的東西。這也是正確答案。

還有其他的情況嗎？

還有一件更重要的事情。

那就是「創造未來」。

你是不是嚇了一跳？心想：「我沒打算做那麼誇張的事情。」

但這確實是事實。花錢，也就是「購買」的行為，必然伴隨著個人的「意圖」。

假設你拜託母親或父親給你買一雙新鞋。

當他們問你「要去哪裡買？」時，你回答了位於車站前的鞋店，那裡有你喜歡的品牌鞋子，於是他們就帶你去了那家店。

在那家店裡一字排開的許多商品中，你找到了想要的鞋子。不久前，你才看到自己仰慕的運動選手穿著這款鞋子。雖然它不是店裡最顯眼的最新款式，但設計真的很酷。而且因為社團裡的好朋友也說要買這款鞋子的另一種顏色，這樣你們會穿上一樣的鞋子，感覺就會更開心。

雖然父親問你：「不買最新款的嗎？」但你還是堅持表示：「我想要這雙。」於是父親就幫你買下這雙鞋子。

回顧這一連串的購物過程，就能看出在你買下一雙鞋子之前，你的明確意圖已經多次發揮作用。

要在哪裡購買？要買什麼？你未必會選擇店家或廠商最推薦的商品。你的獨特堅持應該會逐漸浮現出來。

這也不是你費力去找出自己的堅持，而是心裡隨意湧現的感覺。

這是因為「購買」這個行為具有一種魔法，能夠自然引導出一個人的真實想法。

有人說過，「**人們的真實想法是體現在『買進來的東西』上，而非『賣出去的東西』。**」

的確，我們不確定在公司工作的成年人是否真心喜歡自家公司販售的所有商品，但他們自己花錢買的東西則是「因為想要而買的」，這個事實是不容動搖的。不論上司多麼小氣，應該也不會強迫你「從今天開始午餐不能買炸雞便當，每週有三天要買炒麵」吧。

當你順路經過便利商店，隨意拿起了那個寶特瓶。**這個行為就代表你自己的「意圖」**。你會買自己喜歡的東西，但不會買不喜歡的東西。

純粹的「個人喜好」會在行動中體現出來，而這就是購物的本質。

購物是與我們最親近且簡單的「生活方式的主張」。

而且，正如前一章節所述，一個人的消費會成為另一個人的銷售額，間接地支持了該家公司，最後也會促進該家公司的成長。

換言之，購物對「改變未來的面貌」這一結果產生了極大的影響。

在你居住的城市中可能也有優衣庫或是麥當勞這些店家，但它們並不是自然從地面冒出來的。

它們也不是國家下令「要蓋在這裡」而出現的。

正是因為我們作為消費者的選擇、購買、穿著和用餐的行為，支持了這些商店，它們才會存在於那裡。

你手中的千元紙鈔，是一張「創造未來的選票」。

這或許聽起來很誇張，但事實就是如此。

雖然在日本的國家和地方自治體的選舉中，投票需要年滿十八歲，但十四歲的你實際上早就參與了投票活動。

假設你腦海中有著「希望未來變成這樣」的想像，那麼請在選擇商品或服務時，選擇那些能讓你更接近這個想像的東西。

即使是每天一次的購物，一年也有三百六十五次，十年就是三千六百五十次。在你長大成人、結婚、養育孩子之前，可能就進行了好幾萬次的購物。這些累積的購物行為都是「對未來的投票」。

此外，即使不花錢，只是在社群媒體上「按讚」，也是在支持某家公司。

你已經是一位能夠推動社會改革的優秀市民，因此我希望你能有自信地投票，為自己想要打造的未來努力。

透過「好好決定再購買」來表示意見

如同目前為止我多次傳達的一樣，**購買這件事沒有「年齡限制」**。

我們每個人都平等地擁有三種可以改變社會的力量。

第一種是選舉。無論是男性還是女性，或是其他性別的人，無論是否富有，每個人都平等地擁有一人一票的權利，擁有選擇政治家的權利。

第二種是消費。正如之前所說的，透過購買的行為，我們可以表達自己的「個人喜好」。

第三種是投資。投資並不是賭博，而是透過股票市場選擇你想支持的公司，並觀察其成長的行為。稍後解釋我的工作時會更詳細地討論，投資也是個人可以改變社會的一種行為。

那麼在這三種當中，雖然選舉有一定的年齡規定，但消費和投資從出生起就能隨時開始（例如孩子也能透過監護人以未成年子女的名義開戶參與投資）。尤其是消費，這是每個人都能立刻輕鬆進行的行為。

換言之，十四歲的你已經能夠採取行動來改變社會，而且這是你一直以來在做的事情。過往你自己選擇購買的東西都是你意願的體現。你房間裡出現的所有東西都是如此。

對於所有男女老幼而言，個人意願都蘊藏在「購買什麼？」的選擇中。

而且接下來是更加重要的，這個意願將確實地對未來產生影響。

最近我和一位投資家進行了交談，他的名字叫做「山崎ＯＫ電腦」，俗稱「山電先生」，出生於一九八八年。

他是一位針對社會問題書寫、發表意見的寫作者，也是從事樂團活動和平面藝術活動的藝術家。

他在著作《也許可以改變無聊未來的投資故事》（暫譯，くそつまらない未来を変えられるかもしれない投資の話）中提到：「我們認為現在的世界看起來很無聊，只是我們自己消費出來的結果。」

在大量消費的前提下，街上充斥著相似的東西，於是人們批評這種情況非常無聊。然而，打造這個街道風景的，不正是買了那些東西的我們嗎？

山電先生的問題非常切中要點。**金錢並不是「用完就結束的東西」，反而是「從使用開始的東西」**。

或許你會覺得這聽起來好像很嚴重，但不需要過於擔心。

你只要像以前一樣，繼續購買你喜歡的東西就可以了。

然而，我希望你在這個過程中稍微「思考一下」。

你真的想要這個東西嗎？為什麼不是選擇那個，而是這個呢？仔細思考後再拿去收銀台付錢。

不要只是「憑感覺購買」，而是要自己做好決定再購買。

只要反覆進行這樣的行為，你所喜歡的未來將會越來越接近。

如果你經常使用電子錢包，而不是以現金購物，那麼我建議你偶爾檢查一下「購買紀錄」。

試著回顧過去一個月自己所買的東西，有時會意外發現一些無意識的行為，例如你會疑惑：「咦？為什麼我買了這種東西？」

然後，不久後你就能有所體會。在你周遭的生活中，你能夠根據自己意願決定的事情，可能比你想像的還要多。

例如飲食、穿著，或是帶去學校的東西。或許你還無法自己賺取資金，但是你有許多機會可以參與「選擇購買什麼」的決定。

就像你房間裡的東西和朋友房間裡的東西完全不一樣，世界上有多少人就有多少選擇方式。

這意味著在我們的日常生活中，每天都存在著無數個需要決定自己的人生和未來的場景。

當你意識到自己正處於這樣的場景中，那就稍微思考一下自己的意願吧。

我們的「消費」將決定「社會的面貌」

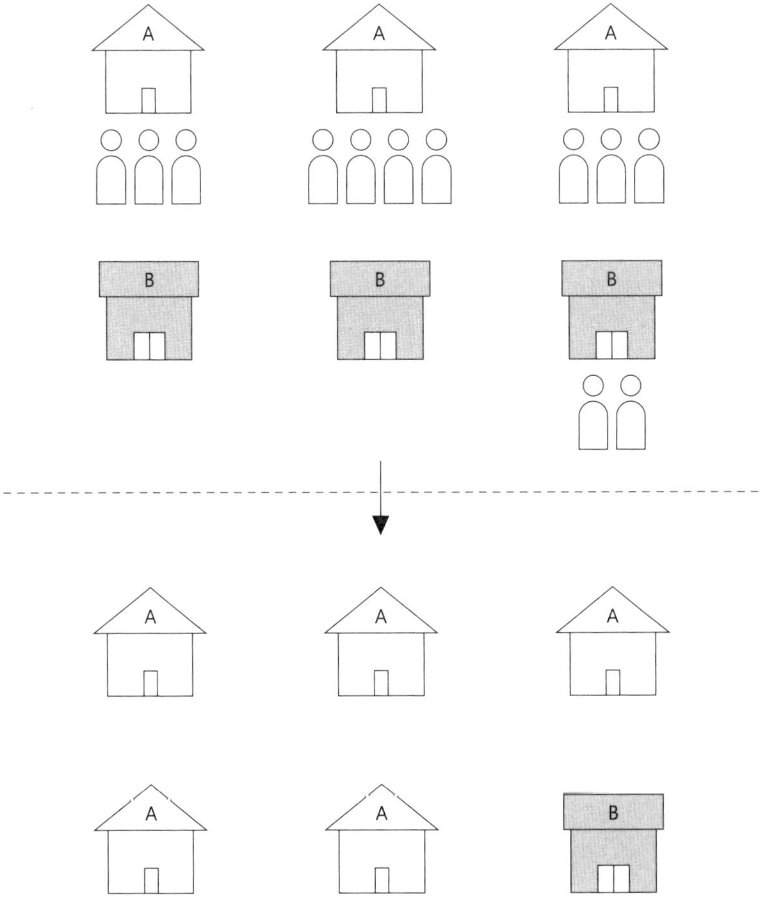

我願意花錢在「連結」上

那麼，我現在是花錢做什麼呢？

當我提到我是一家公司的社長時，人們往往會認為我「花錢在豪華的房子和汽車上」，但實際上我對這些東西並沒有太強烈的執著。

目前，我最常花錢的項目是「連結」。

與家人的連結。

與同事的連結。

與朋友的連結。

與地區的連結。

與自己的內心和身體的連結。

回顧過去的一年，我想起了一件重要的購物經驗，那就是請人將我家的庭院改建成戶外庭園。

我在與廚房相連的窗戶外面加上遮陽板，並在地面上鋪滿石頭。我打造了一個即使是下雨天也能感受戶外氛圍，能與家人、朋友一起享受BBQ，或是大口品嘗三明治的空間。

之所以創造這樣的空間，是因為我認為這樣可以更加享受我和家人共度的時光，而且也能邀請客人前來，一起體驗悠閒交談的時刻。

我構思著各種計畫，同時逐步進行改建，這也是一段令人興奮的時光。

附帶一提，我家位於神奈川縣的逗子市。這是一個被山海圍繞，充滿陽光與和煦微風，空氣也非常清新的地區。

這是我非常喜歡的城市，但實際上，在一年前我還住在東京的高樓公寓裡。

那時我將喜愛的鋼琴搬進公寓，選擇了一個景色優美的房間，過著相對滿足的生活。然而，從二〇二〇年的春天開始，我的人生規劃徹底改變了。

起因是襲擊全世界的新冠病毒。

在由我擔任社長的 Rheos Capital Works 公司，我將工作方式的規定改成居家辦公，自己也每天在家工作，不再去辦公室。這是一個相當大的變化。

然後，我意識到一件事。我過去的生活都是建立在「每天在東京的辦公室工作、在東京生活」這種「模式」上。我一直在追求這個模式下的幸福最大化。

生活模式並非只有一種，你可以擁有各種選擇。

這樣思考後，我心中浮現了一個新的想法，我希望將生活據點轉移到自然環境豐富，而且充滿明亮能量的地方。

搬家後，我迎來了兩隻狗狗作為新的家庭成員。牠們的名字是「丸子」和「年糕」。兩隻可愛的狗狗為我的家庭帶來了歡笑和平靜。

搬到新的城市，或配合新住處準備家具，需要花費不少錢。不過，我決定積極地將錢花在「新生活的設計」上。

而且這種新生活的目的，依然是「希望加深與家人、朋友之間的連結」。

由於居家辦公的緣故，在家裡的時間突然增加，我也開始將「飲食」視為日常生活中的樂趣，願意在「飲食」上花錢。

雖說如此，蔬菜是我在家庭菜園種出來的，麵包則是用家用麵包機烘烤的，所以相較於以前每年數百次外出聚餐的時期，我完全沒花什麼錢。

這也是我人生第一次花這麼多錢購買蔬菜苗、園藝土壤和肥料。

這種**花錢方式的轉變，讓我深刻體驗到「人生的變化」**。

同時，當我環視四周時，我也注意到所謂的**「成功者們」在「花錢方式」上發生了變化**。

由於我是一位投資家，所以我也會與極其富有的社長們往來。說到他們的金錢用途象徵，在十年前就是擁有「東京市中心的頂級豪宅」或是「豪華專屬遊輪」。

然而，由於網路的發達，在「隨時隨地都能工作」這種新前提普及的情況下，越來越多人在遠離東京市中心的郊區購買土地，居住在寬敞的房子裡，享受都市無法體驗到的時間流逝與交流。

例如身兼日本 Yahoo 與 Z Holdings 這兩家公司的社長川邊健太郎先生，他就在房總半島的海邊蓋了一棟鄉村風格的房子，開始過著與動物一起玩樂的生活。

雖然那裡缺乏像都市一樣完善的公共基礎設施，生活上也有不便之處，但某種意義上，這可能是一種追求了「非合理性」的生活方式，同時也兼顧了「合理性」的混合生活方式，例如有緊急會議時他就會搭乘直升機參加。

川邊先生不受框架限制的自由思維也讓我有所啟發。

除了「連結」之外，我還花錢在「自我提升」上。

例如學習英語、閱讀，或是在運動器材上走路、跑步。在過去的一年裡，我花了更多時間和金錢來提升自己的內心與身體。

然而，當我反覆思考這種自我提升的目的時，我認為就是「為了建立連結」。

學習英語，我就能與許多人進行交流。閱讀吸收各種知識的話，與他人的對話就會變得更有趣。定期運動維持身體健康，我就能隨時與人見面。

我一直在這些目的的驅使下，樂在其中地持續進行活動。

如同日語「人間」（「人類」的意思）一詞所表達的，人類是一種在「與他人之間」創造各種事物的過程中，充實自己一生的生物。

我們希望在漫長的人生中與他人建立連結，透過這些連結創造豐富的體驗。

我習慣這樣轉換自己的思維，同時花錢來建立連結。

「捐款」能幫助有困難的人，也能幫助「自己」

越來越多人將「捐款」視為一種花錢方式。

說到「捐款」，你會想到什麼？

在車站前等街頭，你一定曾經看過呼籲大家「請協助捐款」的人們。有時在便利商店的收銀台旁邊也會放置捐款箱。

最近，透過網路進行捐款活動的組織也越來越多。二〇二〇年，受到新冠病毒的影響，社會狀況發生了劇烈改變，當時有些人收入中斷，也有一些醫療人員因口罩等物資短缺而煩惱不已，為了幫助這些人，啟動了許多捐款專案。

你的父母或是你自己，可能也曾參與過捐款活動。

我認為這是一件很棒的事情。

我之所以認為捐款「很棒」，並不僅僅是因為它是幫助有困難的人的行為。

捐款也是活化社會整體經濟的行為。更進一步地說，這種循環會回到自己身上，幫助你自己。

沒錯，你捐贈的錢，實際上會回到你的錢包裡。有時候，回到你手中的錢甚至會超過你捐贈的金額。

「捐款是將自己的錢給予某人的行為，所以錢只會減少吧？」

你可能會有這種感覺。那麼，讓我來介紹一個更簡單的例子吧。

日本有一個NPO法人組織「Good Neighbors Japan」，他們在二〇一七年啟動了「Good米飯」的專案。

這是一個針對窮困單親家庭定期寄送食品的活動。將從個人、企業或學校等組織募集的資金和食品，送到無法完全支付食物費用的家庭，幫助保障這些家庭成員的健康。

我看了這個活動的報告影片，裡面有一個聲音如此介紹著：「以往買食材已經是我的極限了，但接受食物提供的幫助後，現在可以給孩子買遊戲機了。」此外，在網站上也刊登了一則評論：「我為女兒買了一件溫暖的外套。」

換言之，**透過某個人向他人進行的捐贈，產生了新的「消費」行為，例如購買遊戲機或外套**。

這種消費行為最終會成為製造遊戲機或外套的公司，以及銷售公司的員工薪水。這些員工領到薪水後，又會購買其他東西，這些錢又會成為其他人的薪水，使整個社會受益。

「捐款」就是這個循環的其中一個起點。是的，昨天你投入便利商店捐款箱內的十元，可能就是這個起點。然後，它又循環回來成為你父母的薪水，再以零用錢的形式回到你手中。

很有趣吧。金錢宛如骨牌效應一樣，接連不斷地影響著某人的生活。

NHK有一個節目叫做「Pitagora Switch」。節目播放著輕快的音樂，同時以微小的運動能量為開端，觸發各種機關按照順序啟動，最後揚起一面寫著「ピ（讀音為「Pi」）」的旗幟。每次看到這個場景，我就會興奮不已，心想：「這就和金錢的循環一樣啊！」

在節目中機關A會推倒機關B，機關B使機關C旋轉，機關C又讓機關D轉動，最後形成Z的情況。儘管在這個過程中，經常看不清楚它們是如何連結的，但實際上它們全都是精準的連鎖結構。

就像這樣，我們人與人之間透過這種連結的連鎖結構，就能彼此互相幫助。

你聽過「自助、互助、公助」這組詞彙嗎？

第一個自助是指個人自己幫助自己。遇到困難的時候，首先要試著自己努力想辦法解決。這是作為第一步必須擁有的心態。

第三個公助是指國家或公共機關幫助個人。因沒錢陷入困境時，有國家的補助就能感到安心。然而，如果每個人都依賴國家的錢包，那會變成什麼情況？國家錢包的財源是稅金。日本已經進入高齡化社會，工作人口正在減少，所以財源並不寬裕。

因此，第二個互助就是關鍵。這是指透過民間的力量互相幫助。有餘裕的個人或企業去幫助那些有困難的人或企業。我認為日本的**未來就是取決於我們如何活化**

這種互助的循環。

其中一個互助的例子，就是日常的購物、捐款和投資這些行為。

我在自己經營的 Rheos Capital Works 公司裡，也正考慮促進捐款的流程，目前正處於專案剛啟動的階段。

這並不是我自己主導的，而是一起工作的夥伴們提出的想法，這讓我感到非常高興。

當整個社會陷入困境時，我認為我們一定會面臨考驗。

例如「我們要為誰花錢？」「要如何運用投資？」「之後能創造什麼樣的未來？」

而你也是這個循環圈裡的一員。

還有「支持」這種花錢方式

消費是生活方式的選擇，也是一種自我表達。

換言之，花錢在什麼東西上面，那個人向周圍傳達的形象也會有所不同。

那些花錢在汽車上的人會被視為汽車愛好者，而那些願意每年花錢去一次海外旅行，而不是擁有汽車的人，則會被視為「旅行愛好者」。

雖然不能說僅憑金錢用途就能了解一個人的個性，但至少可以反映出那個人的價值觀。因此，**如果你發現一位懂得善用金錢的成年人，可以仔細觀察一下他們的行為**。

舉例來說，先前我稍微提到自己的花錢方式，我希望能夠將賺來的錢不斷用於捐款上。

其中一個我定期持續捐款的組織，就是名為「DxP」的認證NPO法人，這個組織支援的是那些就讀定時制[4]或通信制[5]學校的高中生。

看似和平且富裕的日本，也有許多孩子因為各種因素無法就讀全日制高中。截至二〇一九年，約有二十八萬名孩子就讀定時制或通信制學校。

我希望消除因家庭經濟困難，或是患有某種障礙而無法獲得充分教育的不幸事件。我對這種組織的活動理念深有同感，決定透過捐款提供支援。

即使政府提供了公共支援，也未必能覆蓋到每一個角落。因此，如果有人在民間發起某些行動，我想要透過這些人的支援來擴大互助（彼此互相幫助）的貢獻。出於這種心情，我選擇將錢用於捐款上。

當然，我也會盡情花錢在喜歡的事物上，例如偶爾去吃美食，或是隨興嘗試各種娛樂活動（最近我買了石窯披薩烘烤機，挑戰第一次製作披薩。做出來的披薩相當好吃，讓我感到非常滿足）。

作為消費的一個選擇，我覺得捐款這種花錢「支持他人」的行為令人心情相當

4 譯註：與台灣的夜間部相似的學制。
5 譯註：以遠距教學為主，偶爾才到學校上課的學制。

愉悅。

最近的年輕世代中，似乎越來越多人出現「沒有特別想要的東西。與其為了自己，更想要為喜歡且想支持的人花錢」這種想法。

千賀子同學是住在東京都內的國中三年級學生，她也對「支持消費」的行為非常感興趣。據說她是 QuizKnock 的狂熱粉絲，這是一個由東京大學的畢業生和在學生組成，以猜謎為主題的網路媒體。

她眼神發亮地對我說：「我想在 QuizKnock 的直播中試試 Super Chat 送錢（類似 YouTube 上的贊助機制）。」

在網路上直接給喜歡的明星或藝術家花錢送禮物的贊助方式，也是一種支持消費的機制。

此外，近來也越來越常看到一種非常類似的構想，就是支援他人實現夢想的「群眾募資」這種方法。

這是一種在網路上募集資金的方法。當個人或企業懷抱著「想要實現這種專案」的夢想，但「手上缺乏所需資金〇〇萬元」時，就會呼籲大家：「可以從每人〇〇元的價格支持我們嗎？專案一旦實現，我們會送上這樣的回禮。」

群眾募資作為一個產業也急速成長中，經營群眾募資服務的「Makuake」公司也已經上市成功。上市是指將股票公開發行給社會大眾，讓公司對社會更加負責，並且能從社會上廣泛地募集資金。對於企業的成長而言，這是非常重要的一步。

更進一步地說，千賀子感興趣的「贊助」和人們想花錢在「群眾募資」上的想法，與「股票投資」非常類似。

股票投資是指「透過購買股票來支持一家公司的成長」的花錢方式。這與贊助的構想相似。而且，如果該公司獲利，投資者就能獲得相應的獎勵（利潤）。

這是結合支持與獎勵的組合，股票投資就是這樣的花錢方式。

價格是根據「彼此的利益」決定

在此稍微換個話題。

當我們花錢買東西時，判斷購買與否的重要關鍵就是「價格」（請將「價格」「價錢」、「費用」這些詞彙視為相同的意思）。

那麼，你知道價格是如何決定的嗎？

是的，如果你擅長社會科，也許立刻就能想到答案。價格是由「供需平衡」所決定的。

當買方認為「這個價格我願意購買」，而賣方認為「我可以用這個價格出售」，兩者達成共識時，價格就會確定下來。

舉例來說，如果有人以十五元的價格出售一支原子筆，因為有很多人舉手表示：「如果是十五元，我一定要買。」那麼這筆交易就會成立，許多店家就會開始販售原子筆。

雖然製造一支原子筆的成本超過十五元，但如果預期它「能夠大量銷售」，就可以一次大量生產，進而降低每支原子筆的成本。最後即使以十五元的價格出售，也能夠獲利。

假設同一支原子筆的價格改為「一百五十元」，那麼認為「不值得花那麼多錢」的人就會增加，可能導致原子筆完全賣不出去。

只有在買賣雙方互相理解的情況下，價格才會確立。在價格確立的過程中，並不是買方或賣方中有哪一方的地位更重要，而是雙方都是必要的存在。

當價格確立時，雙方都能理解並產生「我們可以進行對彼此都有利的交換」的共識。我認為這種理解非常重要。

很久以前，在貨幣出現之前，人們一直採取以物易物的交易模式。

舉例來說，住在能捕魚的海邊的人們，與住在山區經常狩獵吃肉的人們相遇了。於是，他們一定會展開這樣的對話。

「你能把那邊捕到的魚分一點給我嗎？」

「當雙方都能獲利」，價格就會確定下來

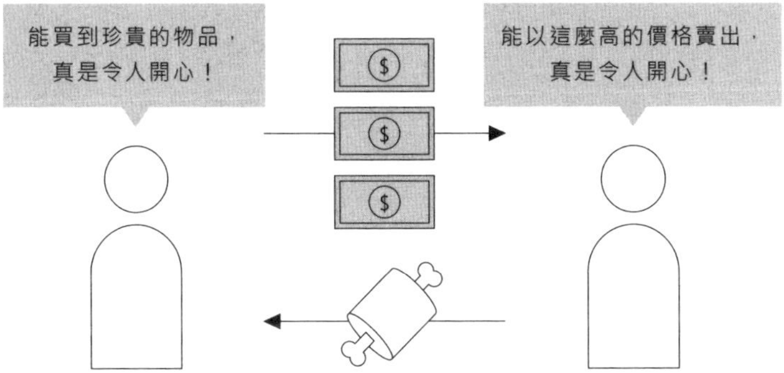
能買到珍貴的物品，
真是令人開心！
能以這麼高的價格賣出，
真是令人開心！

「魚的話我們這裡有很多，沒問題喔。不過你能分一些肉給我嗎？」

「當然可以！」

值得注意的是，只要與身處不同環境條件的人進行交易，物品的價值就得以提升。

當你試圖將魚賣給生活在漁獲豐富的海邊居民時，他們並不會太感激，但肉類卻會大受歡迎。這是因為在海邊地區，肉類是稀有且珍貴的物品。

雖然想要卻不容易得到的稀有物品的價值會提升。

因此，自然而然地會產生「謝謝你

與我分享」的心情。

經濟本質上就是這種互惠、彼此互相支持的關係，這個觀點我在第1章也曾經提到過。

有時候在店裡會看到一些顧客擺出一副「付錢的人比較了不起」的高傲態度，但是了解價格確立的方式後，我們就會知道這種觀念在根本上是錯誤的。

當價格確立時，雙方「想買」和「想賣」的意願是平等的，因此買方不可能比賣方更優越。雙方都感到高興和感激，進而誕生了這種互相獲利的關係。

因此，當我在研討會等場合針對成年人演講時，也會告訴他們：「在店裡購物時，不要只是聽店員對你說『謝謝』而不回應，我們自己也要主動表達『謝謝』。」

這樣你就能和陌生人建立交換「謝謝」的關係。「價格」裡蘊含著這種美好的意義。

透過「亂花錢」累積經驗值吧！

那麼，現在放鬆一下。

這樣仔細思考「花錢方式」的機會並不常有吧。

我曾經說過「消費是一種自我表達」，因此你可能會有點緊張，感覺自己「必須好好思考如何善用金錢」。

沒關係，你可以盡量犯錯。

人類就是會一邊後悔地說「為什麼我買了這種東西……」，一邊不斷重複亂花錢的行為。

老實說，就連我這個已經五十四歲的人，也仍然每天反省著某些行為。

前陣子，我為了園藝工作買了植物栽培用的支柱，卻訂錯了尺寸，讓我感到非常失望。

植物的成長速度比我想像的還要快，導致支柱的長度不足。

那時我告訴自己：「這是因為調查得不夠徹底，必須更仔細地調查。」

後來我收到較長的支柱，但剛更換完就遇到颱風直撲而來，導致所有支柱都倒塌了。這也是因為我準備不足的關係。明明需要更堅固的加固措施，我卻太過輕忽自然災害的威脅。

反覆進行這種細微的反省和改善的過程中，你會逐漸提升購物技巧的準確度。

然後，當你意識到「一年前犯過的購物錯誤，現在已經不會重蹈覆轍！」時，就會為自己的成長感到開心。

從購物中反覆試驗、摸索，本身就是有趣的一件事。此外，不僅僅是購物，人生中有許多事情是需要經歷過失敗才能理解的。

因此，我想對你說：「多多嘗試失敗吧！」

我認為人的成長需要四種要素。

首先是「食物」。飲食的選擇會讓身體和心靈產生不同的變化。

其次是「邂逅」與「書籍」。透過與他人的邂逅，以及閱讀的書籍，我們可以培養心靈的深度和廣度。

還有一個關鍵要素是「體驗」。正如文字所示，這是**透過自己的身體去實際體驗。實際嘗試再去感受、發現和學習事物，並坦率地面對體驗到的一切**。

持續給予自己這四種要素，不要使其枯竭，是一個人成長與提升生活品質必做的事情。

讓我們大量累積「亂花錢」的經驗值，學會善用金錢的方式，來展現更加豐富的自己吧。

第3章　關於「工作」

了解適合自己的「工作方式」與「賺錢方式」

公司與學校有何不同？

接下來我要討論與「金錢」密不可分的「工作」議題。

當十四歲的你被問及未來的夢想時，假設你回答了「資產家」這個答案，但你似乎沒有具體的想像。因此，對未來可能抱持著一些模糊的不安。

但是不用擔心。因為四十年後的你，會在工作中過得非常開心，身邊圍繞著美好的同伴和家人，所以請你放心。

那麼，關於這份「工作」，你對它有什麼印象？

當我和與你差不多同齡的國中三年級學生千賀子交談時，我問了一個問題：

「你對工作有什麼印象？」

結果千賀子回答了一個非常有趣的答案。

她說：「我認為**工作就像是去上一所『能領到錢的學校』**。」

這句話讓我有種恍然大悟的感覺。

稍微補充一下。實際上，在詢問這個問題之前，千賀子向我坦承她曾經有很長一段時間不太喜歡去學校。

我在國中一年級的時候，不喜歡班上的導師，有段時間覺得上學很痛苦。但是快升上三年級之前，由於新冠病毒的影響，日本全國同時停課。在這期間我不用去上學，每天持續在家自學，於是我意識到一件事，「雖然我不太喜歡去學校，但學習本身可能是有趣的。」所以最近我一直在想，如果不必去學校，能夠自己隨心所欲地學習就好了。

因為她與我分享這個故事，所以我明白在這個時間點上，千賀子對學校並未抱持正面的心態。

在這樣的脈絡下，讓我們再次思考千賀子所表達的「工作就像是去上一所『能領到錢的學校』」的含意。我想可以這樣解釋：「學校是一個不論我們是否願意，都必須前往的地方。長大成人後去工作的公司也是如此。但如果我們去公司工作的話，還能領到薪水，這樣相比之下或許要好一些。」

我擔心這樣解釋是否有點偏離她的原意，詢問了千賀子的意見，她回答我：「正是如此。」

這和大多數成年人對於「公司」的印象幾乎沒有什麼不同，我是這麼認為的。換言之，公司就是一個強迫自己努力去做不喜歡的工作的地方，而薪水則是忍受這種痛苦的「忍耐費」。

遺憾的是，我們知道現今的日本的成年人當中，有很多人公開表示「討厭公司」。

據說某個組織對世界幾個國家的成年人進行了一項調查，問題是：「你喜歡目前工作的公司嗎？」結果顯示，大約有八〇%的美國人回答「喜歡」，而中國人的比例也差不多。

然而，日本人的比例則只有四〇%左右。超過一半的人無法「喜歡」自己目前工作的公司，這真是令人震驚的結果。

可以根據「個人喜好」做選擇

為什麼會出現這種差異呢？

原因很簡單，因為日本人習慣「忍耐」。

首先，人們選擇公司並不是基於個人喜好，很多人考慮的條件是「將來是否能過著安穩生活，不用擔心錢的問題」、「公司是否有名氣」、「是否在人氣排行榜上名列前茅」。

在這些條件中，完全沒有考慮到「自己的感受」。因為比起個人感受，更在乎世人的眼光，所以進入公司後可能對很多事情都感到乏味無趣。但即便如此也不會辭職，這肯定也是礙於面子問題。

或許是受到「石上三年」[6]這句諺語的影響吧。不知何故，日本似乎還流行著

6 譯註：指再冷的石頭，連續坐上三年也會變暖和，比喻「有志者事竟成」之意。

「三年內辭職的年輕人很不像話」這種風氣。

甚至還會被父母勸說：「雖說有點痛苦，但也不能因此考慮辭職。工作就是這麼一回事。過一段時間就會習慣，你要好好努力。」

他們並不是刻意說這些話刁難你。因為父母那一代也一樣是「忍耐」過來的，所以這對他們而言很正常。

美國人或中國人聽到這種情況肯定會很驚訝。因為對他們而言，「討厭就立刻辭職」是很正常的事情。

是的，你知道為什麼相較於日本人，他們更「喜歡公司」了嗎？因為他們會在討厭之前就辭職。如果認為這家公司不適合自己，就會換到更有可能喜歡的公司，這種想法是很稀鬆平常的。

仔細想想，「要進入哪家公司？什麼時候辭職？再選擇哪家公司重新開始？」這些應該都是個人的自由。

在就學時期，大家的共識是「原則上三年內會就讀同一所國中或高中」（雖說如此，但這並非絕對的規定），但是選擇公司時，你可以更加自由地去考慮。

你認為現在日本有多少家公司？答案是大約三百八十五萬家公司（出自〈平成二八年經濟普查〉）。

因此，當你將來畢業後，有一天進入某家公司時，就是在三百八十五萬個選擇中做出一個選擇。

就算只有一家公司不合你意也沒有問題。因為，光是日本公司這個選項，就有將近三百八十五萬家的候選公司。而且，如果再加上海外的公司，數量更是驚人。你可以盡情地挑選。

換言之，我們可以更自由地選擇公司。

不，我認為我們**應該根據個人喜好來選擇公司**。

這是一個認真的建議，是直接關係到日本這個國家能否變得更加富裕繁榮的重大問題。

這是因為做自己喜歡的事情時，沒有人會露出痛苦的表情。你應該也有這種經歷吧。如果是喜歡的鋼琴課，你可以練習好幾個小時，但是對於討厭的成年人談話，光聽十分鐘就會感到疲累吧？

將這種差異應用在工作上，就會出現「在相同時間內，能夠產生多少成果」的生產力差異。這些成果的差異也會反映在所獲得的報酬金額上。

換言之，只要大家選擇自己喜歡的工作，就能期待日本整體的收入增加。

因此，「根據個人喜好選擇工作」絕對不是任性自私的行為，而是對日本有益的事情。

賺錢固然重要，但最重要的，還是選擇喜歡的工作才會令人更快樂。

請選擇你喜歡的工作，與志同道合的同事一起充滿期待地度過每一天。

不要做你討厭的工作來換取忍耐費，而是從事你喜歡的工作，讓他人感到開心，並獲取報酬。

我希望你能過上這樣的人生。

大型企業才是高風險？

我在大學開設了一個課程，主題是「如何創立創投企業」。這是一所眾所周知，而且偏差值[7]較高的著名私立大學。

有一次，在課程結束後，一位學生提交的報告中寫著以下內容：

「藤野老師，我們為什麼要上這種鼓勵我們成為創業家，或是進入創投企業就職的課程呢？我們是〇〇大學的學生，確定會進入大型企業工作。我不太明白您為什麼要特意推薦這條風險較高的道路。」

他一定真的認為我是一個不友善的老師。然而，我開設課程是真心希望提供對他有益的資訊與智慧。

讓我解釋一下我的想法。

7 譯註：日本的考生落點參考指標，以考試總體人數與成績統計換算，數字越高就能進入越好的大學。

首先是一個小問題。

在日本股票市場上市的公司中，從二〇〇二年到二〇一二年的十年間，有多少家公司的股價上漲了？

⑴二〇%
⑵三〇%
⑶七〇%

在你回答之前，我先補充一點。從二〇〇二年開始的十年間，日本經歷了長期的經濟不景氣，是一段艱苦的時期。

新聞上頻繁出現「減少獎金」、「解雇派遣員工」這種不平靜的詞彙，而且連同之前的十年一起被稱為「失落的二十年」。

基於這樣的背景，如果提出這種問題，答案大致上會集中在選項⑴或⑵。這可能是因為人們抱持著經濟不景氣的印象所致。

然而，正確答案卻是選項(3)。令人驚訝的是，有七成的公司記錄了股價上漲的資訊。

而且，在這些股價上漲的公司中，有七成的公司在過去十年內股價增長了兩倍以上，收益也增長了兩倍以上。

概括來說，收益是指「公司的盈利」，而股價則是「反映公司實力和受歡迎程度的社會評價」。

因為是七成的七成，所以這個比例幾乎是整體的一半。

換言之，在被稱為「失落」的二〇〇二年到二〇一二年的**這十年間，日本上市企業中有七成實現了增長，而其中五成企業的收益和股價都增長了兩倍以上**。這是一個非常驚人的成長。

接下來，就按照公司規模來觀察剛才解釋的「日本上市企業」的組成。

實際上，大型股票（即大型企業）的數量僅占整體的四％。

剩下的九六％則是中小型企業。可以發現在過去十年裡增長的企業大部分是中小型企業。這是不是令人有點意外？

那麼，大型企業的情況是如何呢？

在日本東京證券交易所市場一部上市的企業中，觀察市值和流動性特別高的三十家企業的股價波動，也就是「東證核心30指數」，就能發現到從二〇〇二年到二〇一二年的十年間，竟然下跌了二四％！這真是相當悽慘啊。究竟是哪些企業讓業績如此下跌呢？截至二〇一二年十月底，「東證核心30指數」的企業構成如下：

日本煙草產業、7&I控股、信越化學工業、花王、東芝、武田藥品工業、安斯泰來製藥、新日本製鐵、小松製作所、日立製作所、Panasonic、Sony、發那科、日產汽車、豐田汽車、本田技研工業、Canon、三菱日聯金融集團、三菱商事、三井住友金融集團、瑞穗金融集團、野村控股、東京海上控股、三菱地所、三井物產、KDDI、日本電信電話（NTT）、NTT DOCOMO、東日本旅客鐵道（JR東日本）、SoftBank

這些都是曾經聽過的企業名稱，甚至可說是代表日本的核心中的核心。它們全都是在最想就職排名中名列前茅的大型企業。

然而，我們不得不說過去被稱為「失落」的元兇就存在於這些大型企業當中。

我們常常抱著「大型企業賺錢，中小型企業很窮」的印象，但至少在這十年間，事實證明並非如此。更進一步觀察從二〇一二年年底到二〇二〇年八月的數據，就能看出即使在所謂的「安倍經濟學」之後，推動股票市場的依然是中小型企業。

進入大型企業就能過上安穩生活嗎？

不如說**大型企業可能才具有高風險**。

無論是作為投資對象還是工作的職場，我認為充滿活力的中小型企業反而更有未來發展的潛力，因此我也向大學生介紹這些有吸引力的創投企業的存在。

如果你有興趣，可以調查一下吸引你目光的企業，觀察它們的股價，或許會發現一些意想不到的成績。

「工作」不等於「隸屬」

我打算從這個章節開始逐步討論「未來的工作方式」。

首先，我想要傳達的基本前提是，你成年時的工作方式，將與現在的成年人截然不同。

在過去的十年裡，日本的工作方式已經發生巨大變化，而且可以預測未來也會加速改變。

你聽過「終身雇用」這個詞彙嗎？

這是在「當你畢業後進入公司就一直工作到退休」的前提下，公司會長期雇用員工的制度。

這意味著從二十歲左右到六十歲左右的大約四十年裡，員工承諾會在同一家公司工作，仔細想想，這相當驚人吧。然而，在過去的日本，終身雇用被視為一種普遍的工作方式。

終身雇用的觀念非常類似鎌倉時代武士與幕府之間建立的封建制度。我相信你在歷史課已經學過，它是透過「御恩和奉公」[8]來運作的制度。

當幕府給予武士少量的土地作為「御恩」時，武士會透過「奉公」的方式來守護這塊土地並維持治安，他們會用生命來守護土地，盡全力「一所懸命」[9]。

日本人的工作觀念從「一所懸命」變成「一生懸命」[10]，而正是昭和時代（一九二六～一九八九年）的工作方式。現代的工作者一輩子致力於工作，以換取終身薪資的保障、公司宿舍、豪華研習渡假村，以及各種津貼等福利，這些都是現代版的封建制度，也就是終身雇用制度的概念。

換言之，在一家公司「就職」等同於「在一家公司工作」，意味著**加入該公司並「隸屬」於其中一員，而隸屬於該公司所帶來的好處便成為最主要的求職動機。**

在員工也能享受各種好處的時代，幾乎沒人覺得有什麼問題，許多人都感到滿

8 譯註：「御恩」指鎌倉幕府給武士的恩惠，「奉公」指武士對鎌倉幕府應盡的義務。
9 譯註：指武士以生命守護幕府賜予的一塊領地。
10 譯註：與「一所懸命」的讀音類似，進而衍伸成「拼命盡全力去做」之意。

足。當我回想起十四歲時的時代氛圍，似乎沒有人對終身雇用制度提出不滿吧。

然而，到了現今的時代，情況已經發生相當大的改變。

自從日本的年號改為平成後，各地爆發了裁員和解雇派遣員工等問題，「終身雇用制度已經結束」的言論也非常盛行。

於是，過往建立起來的雙贏關係瓦解，員工開始表達不滿。例如：「御恩已經被大幅削減了，但每天還要加班被迫盡到奉公的義務，真是吃虧。」

這種不滿持續累積，導致出現了一開始提到的現象——「日本人討厭公司」。

由於終身雇用制度的限制，以及因此造成的不滿爆發，使勞動環境發生了巨大轉變。

例如限制長時間工作、針對職場騷擾設立罰則，或是整頓男性參與育兒的友善環境等等。政府不斷修改勞動法規，並增訂新法律，試圖消滅曾在昭和時代被容許的黑心企業。令和時代（二〇一九年五月至今）將迅速推動企業良心化。

與此同時，企業方面也舉起白旗表示：「我們無法永遠支持你的一生。」曾經長年在就業人氣排行榜上名列前茅的大型廣告公司和大型廠商也宣布：「要將部分員工轉為自由工作者。」這種在十年前難以置信的現象正不斷發生。

一開始你可能會感到不安，但我認為這是一個良好的趨勢。因為我希望**個人能夠在不受一家公司束縛的情況下，更加自由地選擇喜歡的職場環境**，我期待這樣的社會到來。

工作代表「隸屬」的時代即將結束。打算「一輩子只待一家公司」的人將會越來越少。同時在多個職場工作的人也會陸續增加。

能夠保障自己人生的不再是公司，而是自己。

重要的不是你想在哪裡工作，而是想要從事什麼工作？說不定未來連「公司」這種形式都會消失。

「薪水」是從誰那裡得到的？

在過去工作被視為「隸屬」的時代，許多人可能認為「薪水是從自己隸屬的公司得到的錢」。

除了打工收入外，孩童時期能夠獲得的錢主要是零用錢或壓歲錢。這些錢是從父母、祖父母，或是親戚那裡得來的。

一些家庭可能會訂定規則，以零用錢作為回報，讓小孩幫忙做家事。你的父母也都忙於工作，所以你也幫忙做了很多事情，並因此獲得零用錢吧。

那麼，成年後開始工作時，是誰支付我們薪水呢？

在銀行的入款紀錄中會寫著公司的名字。薪水金額取決於公司的規定或上司的評價。而且薪水的來源就是公司賺來的錢。

因此，薪水是從公司領取的，我們是在公司的餵養下生活的。似乎很多人抱持著這種想法。

從父母那裡獲得零用錢的生活，轉變成從公司領取薪水的生活。這種觀念在「初任給」一詞中如實地表現出來。

「初任給」是指進入公司後第一次拿到的薪水，但「初任」這兩個字流露出一種語氣，即「從現在起將一直在這個職場工作」。

當然，開始工作並從父母身邊獨立，是值得祝福的事情，但我認為第一次發放的薪水，其意義就只是如此而已。

「初任給」一詞是以「工作等於隸屬」的價值觀為前提，這讓我隱約感受到一股沉重的壓力。

更進一步地說，「薪水是從公司領取的東西」這種觀念實際上並不正確。作為薪水分發的錢確實是「公司賺來的錢」。然而，這些錢的實際來源是「社會」。

公司提供的物品或服務被生活在社會中的人們使用並支付金錢，透過這種方式，公司就能提升銷售額。然後公司從這些銷售額中支付薪水給在公司工作的員工，作為他們的勞動報酬。

因此，真正的金錢來源並不是公司，而是社會。公司並不是在某地有個巨大的資金堆放處來確保薪水的支出，而是總有新的資金流入交替。

薪水的來源是公司範圍之外的社會。

因此，如果想要增加薪水，只讓公司的上司高興也是沒用的。只有讓生活在世界上的人們感到高興，薪水才會自然增加。

我希望今後要投入工作的你，一定要記住這個規則。

打造一個「能夠實現所有想做之事」的社會吧！

讓我們繼續談論薪水的話題吧。

在「一輩子只待一家公司」的時代，收入來源通常僅限一個。然而，將來同時從多個職場獲得收入的工作方式將逐漸成為主流。越來越多企業改變規則，表示「（只要確實做好正職工作）你可以從事副業喔」。而同時在多個組織工作，擁有好幾個頭銜的人也增加了。**選擇同時在多個職場工作的人，有時也會被稱為「斜槓工作者」**。

他們不再是每週五天、每天八小時在同一家公司工作，而是每週三天在A公司工作八小時，每週兩天在B公司工作三小時，再加上只有月底在C公司工作十小時左右。這樣的工作方式將變得越來越普遍。

能夠將育兒、照護、疾病治療、學習等活動與工作兼顧的工作方式，對年輕人和老年人來說都是受歡迎的。

未來的社會趨勢可能會演變成在確保多個收入來源的同時，能夠靈活地設計「生活」與「工作」之間的平衡，對此我也深感贊同。

然而，有時我會想對那些充滿自信宣布「副業解禁」的企業說：「說起來，一個人要在哪裡做多少工作，都是他的自由吧？」

因為「職業選擇的自由」在憲法中受到保障，因此我認為企業束縛員工是違反憲法的行為。

在我經營的公司，從事副業當然是允許的。相反地，我甚至認為員工在不同公司累積各種經驗，反而能夠帶來新鮮的想法，這樣做的好處會更大。

公司裡**甚至有曾經辭職又再次回來工作的「回鍋員工」**。聽說社會上有些經營者對離職員工很冷淡，將他們視為「拋棄公司的背叛者」，但我很難理解這種想法。這些人是經歷外部世界的磨練後，以更強大的狀態回來公司的夥伴，我們應該以這樣的想法來歡迎他們，彼此都會更加快樂。

不只工作方面，在日本，人們也會在各種場合感受到一股「應該專注走一條道路」的壓力。

對於十四歲的人來說，與日常生活密切相關的「社團活動」也是如此。當你入學後，可能各個社團的前輩都會鼓勵你加入社團。籃球社、書法社、電腦社、英語社這些社團好像都很有趣……，但最後你卻被告知：「只能選擇一個。」

雖然並不是不能同時加入多個社團，但這是相當難安排的機制。你在國中時也只加入了劍道社，但也想嘗試加入其他社團，這讓你感到很焦躁吧。

「只能熱衷一件事情。」

「而且，一旦決定了就不能輕易地放棄。」

「必須努力持續三年。」

這種社團活動的常識，與過去的工作常識相符。曾經在終身雇用制度下順利工作的成年人，或許在無意間創造了這種學校文化吧。

如果這樣能讓人們快樂，那當然是好事，但是國、高中生會感到痛苦或不自由的話，那麼這些舊規則也是可以改變的。我希望現在的國、高中生能根據你們的感覺，不斷重新塑造適合自己的社團文化。

在國外，據說同時參加多個社團，或是每個季節改變不同的運動項目是很普遍的情況。因為過著這樣的學生生活，所以有一個說法是美國人不會抗拒轉職，他們會不斷追求能讓自己更加樂在其中的職場環境。

如果是我，就會宣揚「同時參加多個社團是基本原則！轉換社團沒有次數限制」之類的口號。

實際上，我在高中時期並不滿足只參加一個社團，便同時參加了將棋社、田徑社、學生會，以及啦啦隊（透過這種方式，你十四歲時的焦躁感就會慢慢消除，所以請放心）。而且因為我很喜歡鋼琴，所以也持續學習鋼琴。

雖然當時非常忙碌，但因為我全部都想嘗試，所以我決定不要忍耐，然後盡情享受了一切。

現在回想起來，或許我當時是一個走在時代前面的高中生吧。

我想要表達的是，「規則是可以改變的」。

如果你想要改變，同時能夠獲得周圍夥伴的大量支持，那麼規則就能自由改變，而且應該去改變它。

因為這樣做，社會才會逐漸地進化發展。

首先，你可以嘗試同時參加多個社團，或是換到其他社團。我認為這是「為了過上不放棄想做之事的人生而進行的一種訓練」，相當值得一試。

良心企業會自然增加

不只是副業解禁，未來的工作方式將不斷地改變。

過往在「御恩和奉公」關係中被忽視的職場騷擾和性騷擾，在現今社會被視為無法容許的行為，並受到嚴厲關注。此外最近也出現了「SDGs（永續發展目標）」這種國際性運動。雖然這需要稍微深入的解釋，但這將成為未來社會的關鍵詞，因此我希望你一定要理解這個詞彙。

SDGs是「Sustainable Development Goals」的縮寫，意思是「永續發展目標」。它總共有十七個目標，包含「消除貧困」、「針對氣候變遷採取具體對策」等等。越來越多的企業贊同這些目標，並展開具體的行動。

舉例來說，那些透過違法童工或破壞環境的方式來製造產品的公司，即使旗下品牌多麼受歡迎且蔚為話題，也會成為社會批評的對象。

如今時尚品牌只是單純宣傳其服飾有多麼帥氣，已經無法再抓住粉絲的心。

因此，他們現在開始積極宣傳衣服的材料是可再生的，或是將部分銷售額捐贈出去。

不僅僅是製造商品的過程。

公司裡的員工也開始意識到他們必須擁有工作熱情並展現能力，同時也要保持快樂，而**這些都是公司應盡的社會責任**。

那些長期惡性加班或頻繁發生職場騷擾的公司，將受到社會的嚴厲追究，有時還會引發「拒買運動」等情況，受到社會排斥的趨勢也逐漸增強。

以前遇到勞務關係的糾紛只能自認倒楣，但現在的環境已經能在一定程度上防範未然。整個日本的商業社會正朝向良心化邁進，我認為這是非常好的一件事。

良心化的背景主要是「網路」。

以前個人試圖揭發公司的不法行為時，需要提起訴訟，或是向周刊雜誌爆料，必須採取相當大規模的策略。然而，現在只需要一根手指就能在推特上推文，消息會瞬間傳播到全世界。

網路的普及為個人帶來驚人的「影響力」，成為抑制黑心企業的力量。

出生在有網路的時代，我們是非常幸運的。

另一方面，即使世界上沒有網路，我也預測黑心企業將會慢慢被淘汰。因為促成良心化的原因是「市場力量」，而這種競爭原理也適用於勞動力。有吸引力的職場環境會吸引人們前來，而有問題的職場環境則會讓人們離開。這是一個非常自然且合理的原理。

雖然一般認為相較於其他國家，日本的勞工流動性較低（轉職這種人才流動的情況並不活躍），但也幾乎沒有人個性好到能夠長期待在一個過於糟糕的職場環境。

當他們判斷自己再也無法忍受時，就會表示「我受夠了！」而辭職，有些人甚至還會提起訴訟。

當這種誠實的個人選擇大量累積，最後結果就是某些公司可能會倒閉，某些公司則會存活下來。換言之，即使只是交由市場自行運作，社會也會往良性發展，變成適合工作的環境。

當然，為了避免受雇者的個人權利受到威脅，必須透過法律來保護他們，**但只要大家都能簡單地選擇「令人愉快的公司」作為自己的職場，黑心企業應該就會逐漸消失**。

操控市場的是人類的情感。

人們應該誠實面對自己的內心，正大光明地去執行自己堅信正確的事情，並參與競爭。

那些贏得更多人支持與共鳴的參與者將會生存下來。

透過這樣的反覆操作，我們人類不斷地更新讓自己感到舒適的工作方式。

如果你覺得現在的工作方式比以前更好，那麼這將成為「邁向未來的希望」。

因為這意味著**未來的工作方式將會比現在的更加出色**。

AI會搶走人類的工作嗎？

考慮未來的工作時，AI（人工智慧）和機器人是無法忽視的重要存在（也許在你的時代可能尚未聽過AI一詞，但現在已經有許多服務使用了AI技術）。

毫無疑問的，從現在開始AI和機器人將會在各種不同的產業中普及，並擴大其應用領域。

最後產生的結果是，我們的生活將變得更加方便，能夠更輕鬆地過日子。有了家事機器人的幫助，我們就能擺脫家事，可以利用空閒時間做自己想做的事情。

在原始時代整天忙著狩獵和採集的祖先如果看到現在的這種生活方式，一定會感到非常驚訝。

過去在河邊洗衣服的老奶奶，如果得知現在的全自動洗衣機附有乾燥功能，而且最近還開發了「折疊曬乾衣物的功能」，她肯定也會大吃一驚。

然而，我們也經常聽到這種擔憂的意見。

「AI和機器人會不會搶走人類的工作？」

AI和機器人取代人類過去所做的工作，以遠遠超過人類水準的品質完成工作後，這些工作將會消失。於是曾經從事該工作的人可能就會失業、流落街頭，這是一個令人擔憂的問題。

確實可能會出現這種情況。但這並不是一個嚴重問題，而且這是我們過去經歷過許多次並克服過的問題。

雖然有許多不同的例子，但我們今天來聊聊「人力車」吧。

你應該看過人力車吧？正如其名，這是使用人力的交通工具，外觀類似改造過的兩輪推車。

即使現在在淺草或京都等觀光地區，也經常可以看到它被當作城市觀光活動的一部分，但是在明治時代之前，它卻是都市居民珍貴的交通工具。當時，似乎有許多專門提供人力車服務的業者。

然而，一個震撼人力車業界的重大事件發生了。

那就是「電車」的問世。

運用蒸汽和電力，能夠迅速將大量人群一次運送到遠方的電車普及後，據說導致人力車業者紛紛倒閉。

「電車真是非常糟糕的東西。由於科學技術的進步，讓我們過去所依賴的人力車變得不再必要，這種說法是錯誤的。」

紀錄中甚至留下這樣的評論。

但光靠人情世故是無法阻止市場變動的。轉瞬之間，城市的風景也逐漸改變。因為我們選擇了方便的電車，將錢花在這種工具上，所以人力車就消失了。

人力車業者也不是一味地坐以待斃，似乎採取了一些對策，例如試圖透過合併擴大規模來對抗，或是讓車夫勤練健身來提高拉車速度。

即使如此，結果也如你所知，人力車這份工作因為電車的普及而消失了。

那麼，人們因為這些變化變得不幸福了嗎？

當然沒有這回事。相反地，應該很多人變得更加幸福了。

電車的發達為人們帶來了「旅行的樂趣」，新型的旅遊業興起，鐵路所到之處誕生了新的產業。這個世界進化到人們能夠前往遙遠的地方，社會生活多元擴展，經濟也逐漸繁榮發展。

AI和機器人應該也會帶來類似的變化，我們不需要害怕任何事情。

重要的是，我們應該**如何應對技術進步帶來的恩惠變革，以及如何創造配合這些變革的價值，而不是如何維持現有的事物**。

仔細想想，人類的歷史就是一段貪婪的歷史，我們不斷創造方便的發明，進而製造新的休閒時光，並改變日常習慣來享受這些休閒時光。

人類的特長或許可以說是「有創意的消磨時間」。

受到新冠病毒的影響，日本在二〇二〇年提倡「居家隔離」政策，導致居家時間急遽增加，園藝用品、廚房用具、美食外送等能讓日常生活更豐富的相關產品、服務的銷售額都大幅提升。

換言之，**當我們過往的習慣消失後，一定會有足以填補這個空缺的新事物出**

現。而且，許多人都在等待一些「可以讓人更加興奮的事情」。

如果是你的話，你會開始做什麼呢？會做些什麼讓大家都能樂在其中呢？讓我們去享受這種想像之旅的樂趣吧。

賺錢能力❶——堅定的動機

要賺取大量金錢，需要具備哪些能力呢？

例如國語、數學等學科能力、語言能力……，當然，透過學習獲得知識是非常重要的一件事。

但僅憑這些也無法成為能夠賺錢的成年人。

正如第1章所討論的，金錢聚集在能夠讓許多人感到高興的「價值」之中。因此，我認為**磨練能夠創造出這種價值的能力**，**對於賺錢來說是極為重要的**。那麼，那些不斷磨練這種價值，目前表現優異的成年人所擁有的「賺錢能力」究竟來自何處呢？

我想要介紹一些我所認識的優秀成年人，同時介紹幾個能夠增強賺錢能力的關鍵詞。

第一位要介紹的是建築家隈研吾先生。

每次看到隈先生的作品就讓人感到非常舒服。他經常使用木材，並透過與環境融合的素材和造型，創造出作為景觀一部分的建築，這些出色的作品總是讓我們驚艷不已。例如作為夏普液晶電視「AQUOS」廣告場景的「光與竹之家」等作品相當有名，而且他也親自負責新國立競技場的設計。

隈先生是一個完全不擺架子，總是散發溫和氛圍的人，但是從他的作品中傳達出一種「堅定的動機」。

透過他的工作，我們能夠感受到他想要實現什麼、希望向世人傳遞什麼樣的價值觀，以及他想要創造什麼樣的未來，這些想法都明確地表現在他的作品中。

從隈先生的工作中可以看出他希望表達的訊息是「與自然和諧共存」。

因為傳達了這種動機，讓有共鳴的人得以聚集在一起，所以大家不斷地向隈先生提出合作邀請。

我曾經與隈先生一同造訪住在熊本的木材業主，參觀了他們驚人的收藏，也近距離聽到隈先生接受一份重要邀約的故事。

業主說：「我花了一生的時間收集來自世界各地的木材。總共有五千根。其中還包括樹齡超過五百年的屋久杉。我年事已高，想將這些木材全部送給隈先生。希望能在你建造出色建築時有所助益。」

我認為隈先生之所以會得到這種重要的委託工作，也是因為他具有堅定的動機，全心全意地投入每一個作品。

蘊藏堅定動機的工作能凝聚有共鳴的人，進一步孕育出更加出色的成果。

隈先生為我們展現了這種美好的循環。

賺錢能力❷——與眾不同的見解

我要介紹的另一位人物是設計師佐藤大先生。

我從佐藤先生大學畢業剛獨立創業的時候就認識他了，他也是我的公司 Rheos Capital Works 的商標設計者。

當時支付的設計費用是一百萬日圓，但如果現在再委託他設計的話，應該會超過一億日圓。他就是如此受歡迎且表現優異的設計師。

一百萬日圓變成了一億日圓，佐藤先生創造了一百倍的成長，我認為他這種「賺錢能力」的關鍵在於「視角」。**因為他以與眾不同的視角看待事物，掌握事物本質的能力非常卓越**。

有許多象徵佐藤先生才華的故事，但我特別喜歡的是他在二十歲中期還沒有現在這麼有名時，親手策劃的「鋼彈展」事蹟。

鋼彈是出現在電視動畫《機動戰士鋼彈》的人型機器人兵器。從一九七九年動畫開始播出時就一直備受歡迎，並在二〇〇五年舉辦了鋼彈展覽。

主辦單位邀請佐藤先生策劃要在展覽販售的特製商品。於是他帶了兩隻彩色條紋泰迪熊作為樣品來到主辦單位的高層面前。

明明主題是鋼彈，卻帶來泰迪熊？仔細一看，圖案的配色的確是鋼彈的風格（若有興趣請自行在網路上搜尋圖片）。但是立刻有人反駁：「這種東西不能稱為鋼彈。」

然而，在下一次的會議上，佐藤先生帶來的依然是泰迪熊。而且還增加了兩隻不同顏色的泰迪熊，數量變成四隻。接著在下一次的會議上，居然增加到了七隻。

於是，起初反對的人們也開始將其視為官方商品，認為它們「看起來越來越像鋼彈」，開始在展覽會場販售。而且據說一下子就銷售一空。

將泰迪熊比作鋼彈，這種構想不是從一般創意中誕生的。為什麼能將外型完全不同的泰迪熊變成鋼彈商品呢？當有人問及此事時，佐藤先生答道：「我認為可以透過『顏色的流動』來表現鋼彈，而不是透過外型。」

透過橘色、藍色、黃色這些鋼彈所使用的顏色來呈現條紋，就能表現出鋼彈的特徵。這種見解正是他的獨特之處，並因此脫穎而出。

此外，佐藤先生之前曾經說過：「如果我收到『紅色椅子』的訂單，我並不會去製作紅色的椅子。」

據說他獨自擴展解讀方向，思考著**「會讓人感受到紅色的椅子是什麼樣子的？」**的問題，藉此探索表達方式。

結果他創作了一些令人驚豔的作品，例如將紅色燈光投射在白色椅子上，或是在整張椅子貼上石蕊試紙，再噴灑酸性水使椅子變紅。像這樣透過視角的改變，便能產生獨特的構想。

聽完這個故事後，我也開始意識到注意力不僅要放在「投資」上，還要關心那些「能讓我感受到投資的活動」。

同時我從中學到的是，**產生價值的點子並不是隨地都有的，而是可以透過自己的視角不斷增加的。**

選擇一家「能看到社長照片的公司」吧！

當你將來考慮進行求職活動時，我相信你一定會非常迷惘。世界上有許多公司可以選擇，但要篩選出候選公司並不容易。

首先，你可以將一些感興趣的搜尋關鍵字搭配組合，從搜尋出來的公司名字去摸索，試著瀏覽他們的網站，這可能會是一個不錯的起點。

瀏覽公司的官方網站，可以大致感受到該公司重視的價值觀和職場氛圍。

我在決定投資標的時，也一定會檢查該公司的網站內容。投資家的工作是尋找有成長潛力的公司進行投資，所以我重視的關鍵應該也會對求職活動有所幫助。我希望與你分享這些知識。

使用出色文案在網站醒目位置宣揚公司的願景和使命，是每家公司都在做的事情，因此這並不是重點。**真正的本質會隱藏在更不起眼的地方**。

請檢查網站上是否有刊登「社長的照片」。如果有「董事一覽」或「代表致詞」的頁面，而且社長附上照片進行自我介紹，那麼這家公司就有較高的成長可能性。

相反地，如果一家公司沒有社長的照片，其績效通常很差。也許你會感到驚訝：「咦？有這麼大的差異嗎？」但實際上，這是透過股價數據比較出來的結果。

為什麼那些刊登了社長照片的公司績效更好呢？

可能是因為各個公司在組織文化上有所差異吧。

即使對於初次訪問網站的客戶，公司高層也會在門口迎接他們表示歡迎，試圖讓客戶理解「我們從事這樣的業務」。

這種開放的態度能夠傳達給客戶和社會，因此容易取得信任，產品和服務也更容易觸及到更多人。

我認為當中一定存在著這樣的關係。

此外，如果網站刊登了社長的「代表致詞」訊息，也可以閱讀一下這些內容。

此時要注意的關鍵是「主語」。看看是否使用了「我」或「我們」這樣的說法，而非使用「本公司」或「敝公司」。

當社長以公司作為主語來談話時，會讓人懷疑這是否真的是他內心真實的想法。相比之下，那些使用「我（我們）認為……」的說法，以自己作為主語來傳達訊息的社長，似乎更有決心去承擔社長的角色，這是我的一種個人感受。

公司組織是一個不斷變動的生命體，而社長就是舵手。因此，社長是什麼樣的人，對於要識別一家公司的本質來說也是非常重要的。

如果一家公司做了什麼虧心事，那麼社長絕對不會站出來。

請記住一件事，**選擇公司的關鍵，就是要確認那些社長是否能夠坦蕩、充滿自信地面對社會，向大眾發聲。**

第 4 章　關於「人生」

「幸福」與「金錢」的意外關係

你的選擇將為「你的人生」增添色彩

我們已經談論了「金錢」的定義、「花錢」的定義，以及「工作」的定義。

最後，**我想與你談談關於「人生」的議題**。

十四歲的你正處於身心都很痛苦的狀態中，正陷於「低潮」之中。不知道為什麼身體狀況不太好，有時會在社團活動途中提前回家，或是無法專心學習導致成績退步。父母看到你的情況也非常擔心。

以結果來說，到了十五歲左右，身體狀況就會逐漸好轉，但是現在的你並不知道這一點，所以正面臨著巨大的不安。

我希望這樣的你在閱讀這個章節後，能夠稍微恢復積極的心情。接下來我會用這種心情來與你交流。

不久後，你將長大成人踏入社會。

許多你無法想像的邂逅正等待著你。這些場景並非全都是歡樂的，你會遇到許多像你現在這樣迷惘，或是咬緊牙關的時刻。

然而，無論你遇到哪種情況，我希望你不要忘記一件事，人生的主角只有一個，那就是「你」自己。

父母、老師、上司、公司、社會……有各式各樣的人會與你交談，我相信這些話語可能會推動你向前，也可能會讓你裹足不前。

但是，無論何時，**只有你能決定你人生的目的地**，我希望你牢記這一點。

幾年前，我出版了一本名為《像投資家一樣生活》的書[11]。「像投資家一樣」這句話蘊含的意思是**「將自己視為主角」**。

誠實面對自己想要珍惜的世界和價值觀，當心裡出現「是的，就是這樣！」的想法時，要朝著自己內心躍動的方向突破前進，這就是我想傳達的訊息。

我並不是要說「去進行高風險、戲劇性的挑戰吧」。我喜歡創業家的生活方式，

11 譯註：中文版書名是《關於人生，我這樣投資：日本傳奇基金經理人的低風險未來戰略》（今周刊，二〇二一），這裡為了配合下方內文說明而採直譯。

但不代表我會推薦給每個人。

即使作為公司員工度過了五十年的人生，也可以「將自己視為主角來生活」。我認識許多充分發揮組織成員這個身分的優勢，積極追求挑戰的頂尖上班族（我將這樣的人定位成「上班族之虎」，又可稱為「虎型上班族」）。

另一方面，有些人一進入公司就像被戴上項圈的家犬一樣，將自己完全投身於「隸屬於某處的生活」，而且遺憾的是，這種人並不少見。

在公司充滿活力、前途光明的時期，我們可以快樂地度過，但我們正活在變化激烈、未來不確定的時代。在這樣的時代，「絕對能夠遮風避雨的完美屋頂」是哪裡都找不到的。

即使進入了非常知名的大企業，也不知道三年後是否還能維持相同的環境。沒有哪個地方能夠保證成功，這是一個沒有正確答案的遊戲，而且會持續下去。沒有人會告訴你：「是的，你答對了。」

要投入這種不確定的社會，可能會令人感到害怕，但你是人生的主角，所以不論採取何種方式，你都能改變自己的故事。

就像有趣的漫畫或小說中一定會有迷人的主角一樣，依照你的想法和選擇，人生可以變得非常有趣，我希望你牢記這一點。

成毛真先生是我尊敬的一位人生前輩，他曾擔任Microsoft日本法人的社長，之後作為顧問參與了許多公司的經營。

成毛真先生於二〇二〇年十月二十五日在Facebook發表了一篇文章〈獻給學生們（以及感到有點不對勁的上班族們）〉，讀完後我深有同感，便分享在社群媒體上，獲得了許多人的回響。

文章內容可能有點刺激，但我在這裡要引用出來，希望你能閱讀一下。

目前和我往來的人有六〇％是公司的社長。剩下的四〇％則包括編輯、研究人員、醫師、藝伎，勇者等各種怪異行業的人。

這些社長來自各個領域，例如熱海的榻榻米店、江別的製麵工廠、伊勢的精釀啤酒店、高山的瓦店、氣仙沼的毛衣店、赤坂的高級料理店、本鄉的人體無人機公司、番町的AI公司等等，他們的公司規模和業種都不一樣，當然大家的學歷也參差不齊，但這些人當中並沒有所謂的大企業上班族社長。

在交談中，我感覺這些社長總是非常忙碌、熱情洋溢、好動、話題雜亂無章，喜歡追求新鮮事物、有點小氣、有些微的攻擊性，總之性格都各不相同，而且他們會一直享受生活，直到生命結束。根據我的經驗，我不認為具備這些特質的人會成為社長。我深刻地感受到，擔任社長這樣的職位會改變一個人。

我認為未來的學生應該立志成為社長。不過那些任職四十年並在兩年內交接的大企業社長已經不值一提。而且有前途的社長不僅限於科技新創企業。如果有家族企業，就應該接手並全力以赴。即使是街區裡的中華料理店老闆，也是優秀的社長。即便在被視為傳統行業的領域，也存在著許多有趣的社長。

無論是中小型企業，還是耀眼的創投公司，甚至只是一般的拉麵店，又或者是業餘農夫，很神奇的是，這些社長幾乎擁有相同的特質，而且竟然還存在著一種同伴意識，我希望學生能夠理解這一點。同時這些成功的創投企業社長也尊敬著居酒屋老闆，或許因為他們同樣擔任社長這個職務吧。即使如此，你還是想在退休後過著簡樸寧靜的晚年生活，成為那種只會沉醉於過去少數英勇事蹟的高級上班族嗎？[12]

在幽默的語氣中，我認為成毛先生試圖傳達的訊息，恐怕還是「要以自己為主角來生活」。

他告訴我們要成為「享受生活直到生命結束」的主角。人們常常認為要享受人生，就需要大量的「金錢」，但事實未必如此。

在我遇到的創業家當中，也有不少人分享他們一夜之間失去財富，或是在金錢方面遭遇慘事的經驗。

然而，即使失去金錢，人生也不會結束。仍然可以談論夢想、思念朋友，或是勇往直前。

這些人不論何時都盡情享受成為「主角」的感覺。而且「成為主角的權利」是

12 出處：https://www.facebook.com/makoto.naruke/posts/3380632291973863。

每個人平等擁有的，從一出生就已經擁有。

不是因為有錢才能享受人生。
而是先享受人生，金錢就會隨之而來。

從現在起，請你以堂堂正正的主角身分，走完自己的人生。

擁有「逃避的勇氣」吧！

然而，人生也經常遭遇考驗。

即使打算以自己的方式盡量努力，有時候也會被人扯後腿、遭到背叛。時常發生令人沮喪而不知所措的事件。

當我們充滿活力的時候，能竭盡全力去對抗困難，但也會有無精打采的時候。沒有人能夠一年三百六十五天都保持最強的勇者狀態。

在這種時候，你可以選擇逃避。有些情況下，逃避才是正確的選擇。

以感覺來說，就像是「走開」。並不是逃走（runaway），而是步行離開。不用多說什麼，只要迅速離開那個場合。

我們應該努力面對任何事情，但我們也擁有「離開的自由」。

著名的中國思想家孫子在他的戰術著作《孫子兵法》中，也有一句話是「三十六計，走為上策」，就是教導人們「雖然有各式各樣的戰術，但面臨困難時，最好還是選擇逃避」。

十四歲的你仍處於被成年人保護的處境，因此你所看到的世界會讓你感到非常狹窄和拘束，有時候會充滿焦躁和不安感，彷彿要爆發一樣。

當你感到束手無策時，我希望你能想起「逃避」這個選擇。

不需要正視所有困難。

因為雖然沒有公開說出來，但周圍的成年人也常常在逃避。

我也是如此。**當我考慮很多卻找不到解決方案時，我會試著放棄去面對**。於是可能會有人出現幫我解決問題，有時候時間本身也會解決問題。人生很長，所以稍微休息一下也無妨。

在我創立 Rheos Capital Works 這家公司之前，我創辦的第一家公司叫做「Maverick Consulting」。「Maverick」的意思是「未烙印的小牛」。

在美國，據說有一個習俗是在牧場養牛時，會使用燒熱的烙鐵在牛的臀部輕輕一碰，留下燙傷的標記（不確定目前是否仍繼續實行）。

這麼做是為了給每個牧場的牛隻留下可以辨識的標記，以便將其作為家畜進行管理。但據說有些牛隻會掙脫束縛逃跑。

這些自己逃走，身上沒有烙印的牛，就是「Maverick」。我想要向這種生活方式表示敬意。

跳過柵欄，英勇地逃向未知外界的牛。我想像牠的表情一定是笑著的。

利用投資將「金錢」與「夢想」串聯起來

我已經作為投資家持續三十年了，但對我而言，投資早就超越工作的框架，可以說是人生核心的重要存在。

我想要說明一下我對投資的熱衷程度。

投資家的工作是將**「擁有資金的人」和「沒有資金，但有想做之事的人」串聯在一起**。

在世界上，有很多人擁有大量金錢，卻沒有立即使用的計畫。尤其銀髮族往往傾向於儲蓄而不花錢。

另一方面，有些人雖然懷有夢想，卻沒有足夠的資金去實行。我想十四歲的你可能屬於此類。

在專業術語中，將前者稱為「有餘單位」，後者稱為「赤字單位」，將有餘單位的資金流向赤字單位的過程，我們稱之為「金融」。而選擇值得支持的赤字單位，

：資金○ 想做的事情✕

：資金✕ 想做的事情○

將兩者串聯在一起

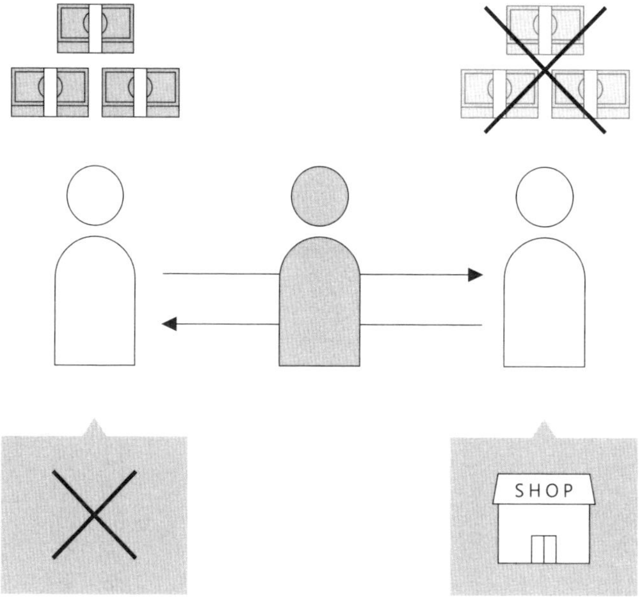

將有餘單位寄存的資金投入，扮演這種讓資金流動的角色就稱為「投資家」。

其中一種交付資金的方式，就是購買公司發行的股票。

當投資的公司成長時，股價會上升，有餘單位可以獲得比最初投入資金還要多的回報。赤字單位可以挑戰想做的事情，而有餘單位可以增加資產。這樣一來就能建立對彼此非常有利的關係。

常有人說投資家的壞話，批評他們「只是處理金錢的不穩當事業」，但我並不這麼認為。

我認為投資家是崇高的實業，能為懷抱夢想的挑戰者打造一條成功的道路，我每天工作都樂在其中，並以投資家的身分為榮。

我成為一位投資家的原因

趁著解說投資的機會，我要順便談談為什麼我會開始從事投資家的工作，以及做出這個決定的原因。

如果十四歲的我聽到自己長大後成為一位投資家，一定會非常驚訝。我現在正走在一條我十四歲時未曾想過的道路上。

上大學的時候，我的夢想是成為一位法官或檢察官。我希望成為法律專家，在法庭上為正義而戰。我抱著這樣的目標，努力追求通過司法考試。

然而，在學期間我未能通過考試，於是我便以「暫時就業」的心態進入了野村投資顧問（現在的「野村資產管理」）這家資產管理公司。我的計畫是在兩年內存一些錢，然後再重考一次司法考試。

可是，這個計畫出現了重大的轉變。

當我被分配到負責中小型股票的部門時，我每天都會與那些非常有魅力的創投公司社長見面。

在我投資當初只是一家地區藥局的松本清，以及以前只有五家店鋪的唐吉軻德後，這些公司都快速地發展，其增長的力度讓我完全為之著迷。

當時有一家總部位於廣島，並擴張大約三十家店鋪的地區服裝公司。因為該公司的社長特別有活力，講話又引人入勝，因此我決定進行投資。結果該公司迅速成長，獲得了巨額的利潤。

這位社長就是領導迅銷集團並創立「UNIQLO」的柳井正先生。

「投資充滿熱情的經營者，並支持他們的成長——這份工作真是有趣！」

當我察覺到自己的心情且深陷其中時，已經完全忘記司法考試的事情。

幸運的是，我現在仍然每天都能感受到當初的興奮。

你可以立刻成為一位投資家

或許以前你未曾覺得投資家這份工作是親近的存在，**但其實十四歲的你也能立刻成為一位投資家。**

雖然開設銀行帳號需要成年人的幫助，但股票市場對所有人都是開放的。

在海外，尤其是美國，從十幾歲開始挑戰股票投資，累積小小的失敗和成功的經驗，藉此學習經濟架構是很常見的事情。我認為日本十幾歲的年輕人也可以更加輕鬆地開始投資股票。

「我嘗試挑戰了人生第一次的股票投資。」告訴我這句話的是龍雅同學，他是住在東京都內的國中三年級學生。

據說因為他的父親本來就在投資，因此他對偶爾送來家裡的股東優待贈品產生了興趣。

由於新冠疫情學校同時停課的關係，他在家的時間變多了，因此他決定「試看看！」便鎖定一間製藥公司，用零用錢進行投資。他坦率地對我說：「股價有漲有跌，讓人相當緊張。」

「沒錯，投資很困難呢。即便是我，現在仍然覺得很難。」我如此回應他。

要在股票投資中獲利，必須具備一種能力，即「尋找可能會增加營收和利潤的公司」的眼光。

而且，如果你能在其他人尚未注意到「成長潛力」的時機進行投資，就能以較低的價格購買股票。隨著該公司的業績提升，關注的人增加，股價也會上升，這就表示你能從購買股票時的價差獲得利潤。

話說回來，能夠辨別這種「成長潛力」的眼光，常常被認為是專家獨有的知識，或是經驗豐富的人才能擁有的，然而，實際上並非如此。

不如說，**十四歲的你反而更有可能找到一間有成長潛力的公司。**

這種事情實際上真的發生過。

這是大約十五年前，在我女兒還是小學生時發生的事。女兒建議我：「爸爸，你應該買這家鞋子公司的股票！」（女兒對父親從事投資家這種工作有一些模糊的理解，而且會告訴我學校裡流行的東西，是一位優秀的意見提供者。）

女兒手指的腳下是一雙運動鞋。據說因為「穿上這雙鞋子，就能跑很快！」這樣一句廣告文案，在那些渴望在運動會上獲得第一名的小學生之間掀起一股熱潮。「我朋友〇〇也說她星期六要去買！」女兒如此表示。

仔細一看，這雙取名為「瞬足」的運動鞋，外觀確實很帥氣，概念也具有獨創性，看起來可能會大受歡迎。

「這是哪家公司生產的鞋子？」

「是 MOONSTAR！」

「MOONSTAR？我沒聽過這家公司。看來是未上市的公司。雖然你特地告訴我，但我無法投資，真可惜。」

「這樣啊！好吧。」

當時我應該更加認真進行調查。實際上，MOONSTAR 在這段時間剛剛更改了公司名稱，之前的名稱是「月星化成」，我當時知道以前的公司名稱。

幾個月後，我在報紙新聞看到一個標題：「瞬足大熱賣效應！MOONSTAR股價急漲」，不禁驚呼了一聲：「哇！」如果我在女兒告訴我的時機買了這支股票，當下的價值就已經增長了三到四倍。

小學生最了解小學生的世界正在發生的事情，國中生最了解國中生的世界正在發生的事情。無論我多麼精心策劃，多麼仔細地觀察國中生的日常，也無法與身為國中生的你相比。

換言之，這意味著你已經具備辨別的眼光。無論是在朋友之間流行的事物，或是尚未流行但你覺得「還不錯，想試看看」的東西，都請你去調查一下販售的是哪家公司。

如果那家公司已經上市，建議你也查一下它的股價。透過網路搜尋很快就會出現相關資訊，所以試試看吧。

確認日常流行的事物 ↓ 確認相關公司的情況 ↓ 是否已經上市？ ↓

如果已經上市，股價是多少？

當你將這種行為模式養成習慣後，應該就能在股票投資中獲得成果。

關鍵在於**找到那些具有吸引力，而且你可以自豪地說出「只有我知道」的公司，而不是已經有許多人關注的公司。**

請在成年人尚未察覺的時機，不斷地抓住獲勝的機會。

股票投資不僅僅是猜測股價的遊戲，還是一種思考的體驗，也就是「未來什麼樣的商品和服務將成為社會所需？」

從這樣的問題出發，我們可以增加觀察社會的機會，自然就能加深對工作與公司的理解，而且逐漸了解經濟的架構。

於是，我們會開始思考自己未來要從事什麼樣的工作，過著什麼樣的人生，這些想像也會慢慢成形。

雖然我希望你不要太過投入而對學業敷衍了事，但也希望你能活用國中生獨有的優勢，試著挑戰投資。我相信你會發現許多以前未曾了解的工作和各種不同的公司，它們會如繽紛畫面一樣浮現在眼前，讓你對未來充滿期待。

我想對十四歲的我，也就是「你」說一句話：

「如果你從現在開始學習投資，未來應該會成為一位更加成功的投資家。」

「盡情享受」學習的訣竅

以長遠的眼光來看待人生，十四歲的你可以說正處於「學習時期」。在日本，國中畢業之前都是義務教育，之後會升學至高中、大學，然後在二十到二十五歲的時候踏入社會，這被視為一般的生涯軌跡。

那麼，當學生生活結束時，「學習時期」也會隨之結束嗎？

實際上，許多人在大學考試前努力學習，但一進入大學就停止學習，而且踏入社會後就更加遠離學習。

這是因為他們認為「學習是被他人強迫才做的事情」，因此一旦「老師」這個角色消失了，就不再學習。這是非常遺憾也很可惜的事情，我擔心這將成為日本未來的嚴重問題。

說起來，人們為什麼要學習呢？

是因為學校的考試嗎？還是為了進入好學校或好公司？

我認為都不是。**人們學習，可能單純只是因為「覺得有趣」**。

本來學習就是一種「娛樂」。

學習未知的事物，我們就能夠理解以前不懂的事情。

人類擁有其他生物所沒有的發達大腦，所以學習成為只有人類才能擁有的娛樂方式。

那麼，為什麼本應是每個人都能享受的娛樂方式，也就是學習，會讓許多人討厭呢？

我認為這可能是因為日本教育過度強調「平均」和「一律」的觀念所導致的。

在這樣的學校教育下，國語、數學、英語、社會、理科等所有科目都能拿到好成績的學生被稱為「優秀」，學校更加注重的是如何克服不擅長的科目，而不是發展自己喜歡的科目。

結果大部分的學習時間都耗費在「克服不擅長的科目」這種不是很有趣的事情

上，於是人們就會產生「學習＝痛苦、忍耐」的印象。

因為無法專心學習一開始可能會感到有趣、自己喜歡且擅長的科目，因此漸漸覺得無聊。

這種結構與也與過度強調的飲食教育具有共通點。

例如強調「不可以挑食」、「要全部吃完」、「要考慮營養均衡」。當然，對食物心存感激和保持健康都很重要，但本來吃東西對人類來說應該是天生就能感到開心的樂趣。

我們也應該允許「盡情吃想吃的東西」的體驗，將其作為一種樂趣來分享。偶爾創造這樣的機會，可能更有助於心靈的自由成長。我認為這樣的觀點也適用於學習。

雖說如此，學校教育很難立刻改變，因此我建議**從現有環境中，積極去發現學習的樂趣**。

附帶一提，如果要坦白說出我的體驗，我認為學生時期學校的課程真的很無聊

（你應該也很清楚這一點吧）。

但是，我想到如果我不去上學，父母也會感到困擾，所以我還是去上學了。不過我幾乎沒有聽課，而是隨意利用自己帶去學校的書本自習。

為了避免破壞教室的氛圍，表面上我打開了教科書和筆記本，但也偷偷地翻開自己帶去的書本閱讀。

我喜歡學習，而且成績也不錯，但我想對老師而言，我並不算是一個認真的學生。我常常聽有趣的老師講話，但對於那些無聊老師的課堂，我會專心地自主學習。

而且，即使對方是老師，如果有些事情我無法接受，我也會相當抗拒。

有一次，學校突然制定了「禁止使用自動鉛筆」的規定。原因是「有學生在上課時拆解自動鉛筆，導致大家無法專心上課」。

我覺得很奇怪，直截了當地對老師說：「在上課有趣的老師面前，任何人都不會拆解自動鉛筆。不就是因為課程太無聊，才會讓人想去拆解嗎？」

之後，我被叫到辦公室，還被老師責備：「你要好好反省。」但我不知道為什麼我一定要反省，所以不想道歉。

於是老師對我說：「你站起來！」過了一會又問我：「你已經反省了嗎？」雖然我根本沒有反省，但因為每週都很期待的鋼琴課即將到來，因此我回答老師：「是的，我反省了。」然後得以解脫。

你們現在正處於成年人與孩子之間的位置，正因為這種不上不下的存在，才會讓你們充滿焦躁感。就連孩子也能從自身經驗中深刻地體會，要在成年人的世界周旋需要非常小心。

我希望**你在妥協的同時，不要過於勉強地改變自己，柔軟地度過每一天**。

培養豐富人生的閱讀習慣

為了將學習轉變成樂趣，有一個任何人都能立刻執行的方法，那就是「閱讀」。

在我周遭那些充滿活力且快樂生活的成年人的共通點之一，**就是他們都有閱讀習慣**。

他們會透過他人的體驗或故事，隨時記住發現未知事物的喜悅，不斷地擴展自己的世界。他們一直充滿好奇心，不論年齡多大，總是散發出年輕人般的新鮮能量。

最近我在觀看NHK的電視節目時，聽到這樣的解說：「健康銀髮族的常見習慣中，排在第一名的是閱讀，超越了飲食和運動。」

此外，我從過去參與的柬埔寨建設學校專案中得知一件事，對於初次上學的孩子們，據說首先要教授的就是「閱讀文章的能力」。

其次是「寫作的能力」，然後是「計算能力」。這正好與日本自古以來所說的

「讀寫算」教學完全相同！我感到很驚訝，但據說這個順序非常重要。

當你能夠閱讀文章時，你就能夠閱讀書籍。這不僅限於教科書，還包括閱讀各種不同的書籍，而當你培養出這種能力時，就有機會從老師所教之外的資訊中進行無限地學習。透過閱讀，你可以不斷地獲取新知識，減少被壞人欺騙的風險，進而改善生活。

接下來，當你掌握寫作技巧後，就能向許多人解釋、傳達自己的想法。而且一旦學會計算，就能按照自己的計畫開始做生意，進而實現經濟上的獨立。

在社會中建立必備的基礎學力，首要步驟就是培養「閱讀能力」。

你從小學時代就常常閱讀書籍對吧？

嚴格的父親買了許多書給我，他自己也經常閱讀書籍。

就算父母告訴你：「要多讀書。」但如果他們自己完全不讀書，就沒有說服力吧。在這方面，就我自己的情況來說，我總是能感受到成年人對閱讀的熱愛和投入，因此我自然而然地沉迷於閱讀當中。在小學高年級時，我應該已經將主要的全集作品重複讀過兩、三次了。

常常聽到一個說法：「閱讀的樂趣是能夠透過書本體驗多樣的人生，而這些體驗是在自己僅此一次的人生中無法獲得的。」

實際上，即使是活動範圍只限於學校和家庭這種狹隘世界裡的孩子，**也能透過書本接觸到未曾見識過的寬廣世界，發現「原來這世界是如此廣大」，進而對未來充滿期待。**

即使是模糊的想法也沒關係，對於未來是否抱有希望將深刻地影響今後的人生。如果你認為「學習很無聊」，請試著拿起家裡或圖書館裡的一本書來翻閱。

金錢和幸福是不同的東西

以前，「擁有一切」曾是富人的象徵。

豪華的高層公寓、別墅、高級汽車、寶石，以及名牌包包。

在過去，一般認為擁有這些有形之物就是「富裕」的證明，這種觀念持續了很長一段時間。

然而，在平成這三十年間，許多人開始意識到事實可能並非如此。

關鍵的轉折點出現在二〇二〇年。為了對抗同時襲擊全世界的未知病毒，各國政府和地方政府的領導者呼籲人們「待在家裡」，導致人們的活動受到極端地限制。

不論是有錢人還是沒有錢的人，大家都一樣要待在家裡。

在無法聚集大批人群舉辦派對的日常生活中，高級領帶和私人遊艇也都派不上用場。

在新生活中，如何與家人或親近的朋友們融洽相處共度時光，已經變成衡量「富裕」的指標。

雖然對人類而言是一個痛苦的經驗，但也因此讓我們意識到非常重要且本質的事情。

然而，年輕人更早了解這一點，而且早就開始改變生活方式。

現在的十幾歲、二十幾歲的年輕人齊聲表示：「並沒有特別想買的東西。」從出生就開始接觸網路的這個世代，活在一個只要擁有智慧型手機，就能立刻聆聽喜歡的音樂、看電影，隨時都能與朋友對話的世界。

他們與異性相識是透過交友軟體，據說要找到擁有共同興趣的伴侶比以前更加容易。在過去沒有這種便利工具的時代，年輕人會籌劃男女一起參加的「聯誼」聚會，或是以滑雪為名義邀約喜歡的女生一同出遊。當時音樂不能免費聆聽，必須花錢購買。

如今，十幾歲、二十幾歲的年輕人已經體會到一件事，即使不進行物質上的消費，也能與朋友或伴侶度過愉快的時光，因此他們不會將「有錢」和「幸福」聯繫在一起思考。

話雖如此，這並不表示他們對任何事情都完全失去興趣，這個世代的創業家和投資家似乎深信，**「只要全心投入自己想做的事情，金錢就會隨之而來」**，並付諸行動。而且他們不是不顧一切地去做，而是在不勉強自己或他人的情況下，以輕鬆的方式進行。

成功的前方並不是獨占性的擁有，而是某種能讓社會更加美好的東西。他們自然地展現出過去偉大的經營者所具備的社會意識。

我非常喜歡這種感覺，覺得他們很酷，而且由衷地尊敬他們。

因此，我積極地與他們見面，聆聽他們打算創造怎樣的未來。

對未來充滿希望

我現在感受到一種強烈的希望。

在被稱為「失落的二十年」的時代裡，雖然我們曾在黑暗中摸索，試圖點亮光芒，但現在我們確切感受到光芒已經誕生了。

為了讓這份珍貴的光芒更加明亮閃耀，哪怕只是一點點的努力，我們都要為他們創造一個更加容易活動的環境。

我深刻地感受到，這就是我作為一位投資家應盡的使命。

「最近的藤野先生看起來很有活力，而且似乎非常幸福的樣子呢。」經常有人這樣對我說。

這可能是因為我搬到充滿大自然的逗子市，過著健康生活之故吧。但我認為最主要的原因是「我對未來抱持希望」。

我相信這些年輕人一定能讓日本的未來更加美好。「我對未來抱持的希望」正在不斷地擴大膨脹。

我也想將這份希望傳達給十四歲的你。

我不希望你受到那些故意說出消極言論的人的影響，例如「日本已經完蛋囉！」或是「出生在高齡化的時代，是很吃虧的一代」之類的言論。

觀察股價數據時，我們已經證明這些情況並非事實。

未來應該會越來越有活力，朝向好的方向發展。

知道真正的幸福是什麼，懷抱著「想為社會做出貢獻」的純真心情去追逐夢想的年輕人，正掌握著這種未來的關鍵。

雖然知名大企業的相關新聞可能多半是負面內容，但目前仍是小規模且尚未受到注意的未來之星，正試圖創造未來的日本。

不久前，一些令人尊敬的二十幾歲的朋友也來我在逗子的家裡玩。其中兩位是我投資的創投企業經營者，另一位則是表現出色的創投家笠井玲央先生。

包括笠井先生在內的這一代投資家以跳脫界線的視角來看待日本和世界，毫不逞強地說出「我想要成為世界第一」的想法。

他們不再只是遵循過去一代所建立的社會模式，而是要以自己的做法來創造全新的社會。這樣的一代人正開始陸續嶄露頭角，令人期待不已。這個世代的年紀大約是十八歲到二十五歲，是比你稍微年長一點的前輩。

因此，**當你考慮未來時，我希望你能夠試著研究，努力成為「創造新事物的人」**。因為你不需要勉強自己去適應那些價值觀過時的成年人所建立的世界。

不用逞強，只要朝著你感興趣或是能產生共鳴的事物坦率前進即可。

「就算做那種事情也沒用。」父母或老師可能會這樣反對，但是沒有人知道未來會發生什麼事情。

我最近也逐漸停止去限制自己的可能性。

不再以年齡或忙碌為藉口，擁有「不論想做什麼都試試看」的挑戰意識，日常生活就變得更加有趣了。

舉例來說，最近我挑戰了人生第一次的風帆衝浪。

我事先做好心理準備可能需要一些時間才能順利地衝浪，但我還是在海裡撲通撲通地摔了二十次左右。

每次摔到海裡，我又會重新爬起來。我在 Facebook 上發布這種笨拙的影片後，便有許多人來按「讚」。一般而言，或許會經過嚴格特訓後，才發布自己帥氣衝浪的影片，但我認為展現自己摔倒的一面，可能更有意義。

如果成年人不斷地展現失敗的姿態，年輕人也能更輕鬆地去挑戰。我所尊敬的前輩們也都是擅長「展現真實面貌」的人。

當我跟人稱「顧問界權威」的堀紘一先生交談時，他說：「老實說，我不太清楚顧問這個行業，而且也不太懂經濟。」這讓我感到驚訝，但同時也更加尊敬他。

無論是孩子還是成年人，都在做著自己想做的事情。就算失敗也沒什麼大不了。如果大家能一起創造這樣的氛圍，日本將會不斷湧現挑戰者，應該就能讓社會脫胎換骨，變得更有活力。

打造吸取技巧再分享出去的「分享經濟圈」

當你找到想做的事情，為了盡快達到那個目標，需要學習知識和技能時，我希望你能實踐一件事。

那就是模仿前輩。你可以觀看YouTube影片、加入社群，或是閱讀書籍，藉由這些方式來學習仰慕的前輩們所擁有的訣竅。和幾年前相比，要了解這些訣竅的機會已經更加開放和廣泛。我希望你能夠活用學習機會，吸取他們的技巧，並積極應用在自己的實踐當中。

你會擔心被人責怪「不要抄襲」、「不要模仿」嗎？

不用擔心。**如果你坦率地表示：「因為很有參考價值，請借我用。」一定沒有人會露出不悅的表情。**相反地，應該許多人會面帶微笑地回應你：「可以，你儘管使用吧！」

人類是樂於助人的生物。

不如說，我們反而更喜歡並關心那些吸取自己技巧的人。

「吸取別人的技巧會讓你受歡迎。」這句話聽起來或許有點奇怪，但事實確實如此。吸取別人的技巧反而會為你帶來好處。

如果你能將從前輩身上學到的技巧變成自己的，下次就大方地分享給他人吧。

或許你會擔心一旦分享出去，你所擁有的東西就會減少，但實際上是相反的。概念和觀點是無論怎麼分享都不會消失的。當你教導他人進行解釋時，就能加深自己的理解，強化邏輯，這些東西都會更加深入你的內心。

即使分享給他人也不會消失。相反地，可能還會逐漸增加。因此，不斷地與他人分享吧。

Give gives give.

這是我經常使用的一句話，稍微意譯的話，就是「分享者會帶來另一個分享者。」大方與他人分享，就能增加一樣願意無私與人分享的人。於是這些「分享者」

會逐漸聚集在一起，在這個群體中的價值交換會不斷循環。就像是一個**「分享經濟圈」**。首先，我們要從自己開始分享。當我們從他人那裡獲取東西時，要好好地表達謝意，然後再分享給其他人。

如果我們能夠在社會中建立起這樣的生態系統，世界上令人煩惱的問題就能瞬間解決。

相反地，有時也有一些人會說：「這些東西是我辛苦努力得來的，絕對不能交給任何人。」然後將其隱藏起來，收進上了多重鑰匙的保險櫃裡，不願意在大眾面前展現自己的秘訣。

在這種情況下，通常結果就是當他們在大眾面前展現技巧時，反而讓人失望地想著：「原來就只有這樣嗎？」

這是因為概念和觀點是不斷經歷時代潮流的考驗，在許多人的使用中保持新鮮感的東西，如果不使用只是放在保險櫃深處，就會變得枯燥無味。只有經過他人的使用，才能保持生命力。因此，將這些想法與他人分享，最後對自己也是有益的。

從保險櫃展開聯想，我想談談某部電影的結局。由於涉及劇透，所以我會避免提到電影名稱。

電影主角為了學習某種技能，不斷地努力修行，最終在高潮場景達到了高手的等級。根據傳說，一旦掌握這項技能的精髓，主角就能得到傳說之龍留下的祕密卷軸，因此主角忍受了嚴苛的修行，克服了重重困難。最後，他終於拿到了卷軸。他壓抑著內心的激動，打開卷軸……結果裡面竟然是一張「白紙」！

所有技能都是依靠自身力量獲得的，沒有任何先人留下的祕密。

即使祕密寫在卷軸裡，可能也不太有用。雖然在先人的時代或許能派上用場，但現在已經無法適用，只會因為卷軸風化和劣化而帶來失望。

從白紙的故事，我們可以體會到深刻的意義。

白紙代表無限的可能性——**只有那些能夠自己學習和成長的人，才能獲得這個白紙卷軸，並在上面描繪出新的事物。白紙凝聚著這樣的希望。**

那麼，主角應該如何運用這張「白紙」呢？

與你們這些「同一時代的人」一起

本書也即將接近尾聲。

這段以「金錢」為切入點，與十四歲的你交談的時間，對我而言是非常有意義的一段旅程。

從今年春天開始，我將在廣島新成立的叡啟大學擔任客座教授。

雖然過去我為大學生上課已經超過二十年了，但是參與一座全新大學的成立卻是我的初體驗，這激發了我的創業投資精神。能和首屆學生一起創造歷史令我興奮不已。

也有人對我這樣持續參與教育相關活動的行為提出忠告：「藤野先生要不要稍微花一點時間在投資的本業上？」

然而，依我之見，我認為**直接接觸正要塑造未來時代的年輕人，與他們一起學習，進而實際運用在本業上的體驗，是其他方式無法做到的。**

我不是誇大其辭，我從他們身上學到很多東西。

那些即將踏入社會的人們看到什麼，思考著什麼，喜歡什麼，討厭什麼，享受著什麼，又在什麼問題上痛苦掙扎。能夠理解這一切的投資家，與那些無法理解的投資家，他們的表現會有很大的差異。

此外，我認為站在「當事者視角」的機會，對我而言也是必要的。

有人指出日本的大學教育正處於轉換期，商業網站也不斷出現批評意見：「日本的教育尚未轉型成功。」

我也認為日本的教育存在著問題。正因為如此，我決定盡量以當事者的身分進入大學內部，面對這些問題並付諸實踐。

你是否曾經被不太了解你的人突然說道：「你更應該這麼做。」因此而感到生氣呢？

我不想成為那種「只會批評卻不採取行動的人」，因此我投身其中，以自己的方式開始做我能做的事情。我認為這樣也能讓別人聽到我的意見。透過這些努力，我比其他人更有機會直接接觸各種年齡層的人們。從十幾歲的大學生，到二十幾歲的千禧世代創業家，再到四十幾歲的就業冰河期[13]世代的創業家，甚至還有八十幾歲的資深經營者。

與各種世代、不同價值觀的人們接觸時，我總是珍惜著我們是「同一時代的人」的感覺。

雖然我們存在著年齡、地位、性別、宗教、身體特徵等各種差異，但唯一的共通點是，「我們是一起活在這個時代的夥伴」。

我們偶然地活在同一個時代，注視著相同的歷史時刻，呼吸著相同的空氣。然後，我們體驗相同的感動，擁有相同的問題。

作為同一時代的人，作為一起分享喜悅和痛苦的夥伴，我們能為彼此做些什麼？僅僅思考這一點，我們與對方說話的音調和語氣，以及傾聽方式都會有很大的改變。

---

13 譯註：指泡沫經濟破滅後，日本陷入嚴重的經濟不景氣，導致應屆畢業生就業困難的時期。

或許十四歲的你總是對父母的作為感到生氣，但當你以「同一時代的人」的身分去面對父母，或許就會有一些體會。

價值觀不同是很正常的，從這裡開始才是起點。

和你們一樣的十四歲同齡人，也都是優秀的同一時代的人。寬太同學是住在福岡的國中三年級學生，他跟我說他的夢想是「成為一位社會創業家」。從十四歲的人口中聽到「社會創業家」這個詞彙，讓我感到非常驚訝。

據說寬太在小學就存下零用錢去東南亞體驗寄宿生活，因此他對世界上各種問題產生了興趣，希望成為能夠解決這些問題做出貢獻的成年人。

兩年前，寬太造訪越南一個少數民族村落，目睹了比他年幼的孩子沒有上學而是在工作的現實。據說他之前認為上學是理所當然的一件事，但他對於仍有孩子無法上學的情況感到震驚。之後，他透過母親的工作遇到一位自稱為「社會創業家」的帥氣成年人，因而得知這個職業。

在研究世界相關問題的過程中，寬太也逐漸明白一個事實，也就是要有效地獲得成果，必須擁有足夠的資金。

「藤野先生是如何擁有這麼多錢的？」他如此問道。

「寬太同學，你問了一個非常好的問題。作為一位投資家，或許我確實累積了大量的資金。目前我正管理一兆日圓左右的資金。不過，這筆錢並不是我的，而是我幫許多人代管的。許多人把錢一點一點地交給我，也就累積成一兆日圓。那麼，你應該很好奇為什麼會有這麼多人願意將他們的錢託付給我吧？」

寬太保持著熱情的眼神，點頭說了一聲：「對！」

「我認為要從人們那裡籌措資金，只有一件必要的事情，那就是『信任』。我會善用我代管的資金，努力設法做出對社會有益的事情，並真誠地展現這份努力和成果。我認為這是唯一的方法。」

當信任累積起來時，金錢也會跟著湧入。

要籌措資金，培養信任是不可或缺的一件事。

「我想寬太未來也會遇到要聚集夥伴，為了實現想做之事籌措資金的時候。或許你能夠全靠自身力量來籌措，但一開始可能很困難。這種時候，你可以利用金融機制來幫助自己。」

有些人有錢卻沒有使用目標，有些人錢不夠但有想做的事情。將兩者組合起來就能啟動偉大的夢想，而投資家就是在當中發揮協調作用。

我一定要跟寬太補充說明一件事：

「即使擁有大量金錢，如果沒有想做的事情，一切都不會開始。起點不是金錢，而是夢想。寬太已經建立了起點，這不是每個人都能做到的，是一件了不起的事情。因此，我希望你保持自信，不斷地分享你的夢想。因為一定會出現願意幫助你的人。領導者的工作不是讓自己變得無所不能，而是為他人指引道路，聚集願意支持自己的夥伴。」

而且，「**不需要等到長大才開始**」。

如果你有想法，隨時都可以開始。

準備開始的那一刻，是由你這位主角來決定的。

PAY
BANK
100

結語

對於閱讀到最後的大家，我想要傳達一些訊息。

請將年輕這個優點作為武器。

十四歲的你們擁有我們成年人非常渴望的東西。

那就是「時間」。

從現在開始，你們可以無限制地挑戰任何事物。

我希望你們明白，在你們手中擁有這種自由的選擇。

如果你無法自由地挑戰，其中一個原因，可能是周圍的成年人對你施加壓力，例如告訴你「應該這樣做」「應該那樣做」。或者有時也會阻止你：「反正你不可能做到。」

這種時候，我希望你回想一件事：

最重要的是你自己的感受。

為了充分活用大家擁有的「時間」，我希望你好好重視一件事，那就是「誠實面對自己的內心」。

大家在日常生活中使用的錢就像是一張「未來的選票」。那麼，大家要如何使用這些錢呢？要打造出什麼樣的未來景象呢？光是想像這些問題就令人興奮不已。

為了創造出自己喜歡的未來，今後我會繼續提升自己的消費與投資的眼光。讓我們分享彼此的智慧，一起創造想要生活的未來吧。

那麼，差不多是真正結束的時刻了。對於閱讀到這裡的大家，我有一份禮物要送給你們。這是一份非常特別的禮物。

請深呼吸三次，閉上眼睛，再張開眼睛，然後翻到下一頁。

我將我想要傳達的訊息融入其中。

那麼，請翻開吧。

這張白紙正是我送出的熱情訊息。
祝你好運。我期待能與成長了的大家見面。

高寶書版集團
gobooks.com.tw

RI 380
早點知道就好了！改變一生的金錢觀：14 歲就能學的致富習慣，學校沒教，但你一定要會
14 歳の自分に伝えたい「お金の話」

作　　者　藤野英人
譯　　者　邱顯惠
主　　編　吳珮旻
編　　輯　鄭淇丰
封面設計　林政嘉
內頁排版　賴姵均
企　　劃　鍾惠鈞
版　　權　劉昱昕

發 行 人　朱凱蕾
出　　版　英屬維京群島商高寶國際有限公司台灣分公司
　　　　　Global Group Holdings, Ltd.
地　　址　台北市內湖區洲子街 88 號 3 樓
網　　址　gobooks.com.tw
電　　話　（02）27992788
電　　郵　readers@gobooks.com.tw（讀者服務部）
傳　　真　出版部（02）27990909　行銷部（02）27993088
郵政劃撥　19394552
戶　　名　英屬維京群島商高寶國際有限公司台灣分公司
發　　行　英屬維京群島商高寶國際有限公司台灣分公司
初版日期　2023 年 12 月

國家圖書館出版品預行編目（CIP）資料

早點知道就好了！改變一生的金錢觀：14 歲就能學的致富習慣，學校沒教，但你一定要會 / 藤野英人著；邱顯惠譯．-- 初版．-- 臺北市：英屬維京群島商高寶國際有限公司臺灣分公司，2023.12
　面；　公分．--（致富館；RI 380）

譯自：14 歳の自分に伝えたい「お金の話」

ISBN 978-986-506-866-0（平裝）

1.CST: 理財　2.CST: 投資　3.CST: 金錢心理學

563.5　　112019657